劳动教育

——劳动助力中国梦

主　编	张雅萍	边建平	张　远
副主编	王　昕	刘佳莹	袁　芳
	白剑臣	马洪玲	
参　编	崔文静	兰　岚	刘　坤
	李炎竹	张海芳	
顾　问	韩利民	王卫平	李继平
	徐海军	徐祥龙	宿弘毅
	马文龙		

东北师范大学出版社

长　春

图书在版编目（CIP）数据

劳动教育：劳动助力中国梦／张雅萍，边建平，张远主编．--长春：东北师范大学出版社，2024.10.
ISBN 978-7-5771-1816-1

Ⅰ.G40-015
中国国家版本馆 CIP 数据核字第 2024XD2935 号

□责任编辑：曲陆新　　□封面设计：创智时代
□责任校对：徐　莹　　□责任印制：侯建军

东北师范大学出版社出版发行
长春净月经济开发区金宝街 118 号（邮政编码：130117）
电话：010—82893525
传真：010—82896571
网址：http://www.nenup.com
东北师范大学音像出版社制版
长春惠天印刷有限责任公司印装
长春市绿园区城西镇红民村桑家窝堡屯（邮政编码：130062）
2024 年 10 月第 1 版　　2024 年 10 月第 1 次印刷
幅面尺寸：185mm×260mm　印张：11　字数：242 千
定价：36.00 元

序言

　　劳动是人类的本质活动，是推动人类社会进步的根本力量。劳动光荣、创造伟大，是马克思主义劳动观的基本观点，是对人类文明进步规律的重要诠释，也是深深植根于中华民族血脉的精神基因。

　　奋斗创造历史，实干成就未来。五千年的华夏文明，是勤劳的中国人用劳动接续创造的。中华人民共和国成立以来特别是进入新时代，千千万万的奋斗者高奏劳动主旋律，辛勤耕耘，以实际行动诠释了"社会主义是干出来的，新时代是奋斗出来的"。习近平总书记多次强调劳动的重要性，2013年4月28日，习近平在同全国劳动模范代表座谈时指出："劳动创造了中华民族，造就了中华民族的辉煌历史，也必将创造出中华民族的光明未来。"

　　平凡亦有光芒，奋斗绽放光彩。作为新时代的青年，要学习劳模精神、劳动精神、工匠精神，坚定不移听党话、矢志不渝跟党走，做"干一行爱一行"的实干家、劳动者，当好主人翁、建功新时代，绽放新时代新征程的"劳动美"。行进在民族复兴的康庄大道上，只要我们有创造历史的激情、有实现梦想的奋斗、有续写奇迹的信心，中国人民就一定能够用劳动托起中国梦，靠双手开创更加美好的明天。

编　者
2024年5月

前言 Preface

党的二十大报告指出，"培养德智体美劳全面发展的社会主义建设者和接班人"。"德智体美劳"五育并举写入党的二十大报告，劳动教育的重要地位得到进一步凸显。同时，党的二十大报告还有诸多论述，如"新时代的伟大成就是党和人民一道拼出来、干出来、奋斗出来的""坚持尊重劳动、尊重知识、尊重人才、尊重创造""在全社会弘扬劳动精神、奋斗精神、奉献精神、创造精神、勤俭节约精神"等。这些论述闪耀着马克思主义劳动观的光辉，展现了党和国家在劳动创造中全面推进中国式现代化的系统部署。这就要求新时代高校劳动教育必须紧扣中国式现代化的本质要求做出系统部署，建构高质量劳动教育体系。

本书在编写过程中本着把牢劳动教育的思想性、凸显劳动教育的贯通性、增强劳动教育的实践性、抓实劳动教育的社会性的主导思想。全书共分为五章：第一章，劳动·初心；第二章，劳动·创造；第三章，劳动·精神；第四章，劳动·保障；第五章，劳动·梦想。本书由劳动教育的历史到本质再到习近平新时代劳动教育观，全面梳理了劳动教育理论。从仓颉造字到兴修水利，从珍妮纺纱机到无线电报机，从"两弹一星"到射电望远镜，全面展示了人类社会发展历程中劳动的重要作用；也对劳动精神、工匠精神等做了深入诠释；同时对关系劳动者切身利益的劳动权益和劳动法规做了解读；最后从学生劳动实践层面体现了劳动推动梦想的设计思路。

笔者认为，作为新时代高等职业院校的劳动教育，应把握好两个基准。首先，要坚持马克思主义劳动观，把握好劳动教育的价值向度。其次，要坚持以体力劳动为主，注意手脑并用，强化实践体验的理念，把握好劳动教育的具身化向度。将理论与实践相融合，旨在革除已有劳动教育中存在的"有劳动无教育"或"有教育无劳动"的弊端，把劳动教育切实纳入"全员

育人、全过程育人、全方位育人"的教育教学共同体之中，真正实现"劳以树德""劳以增智""劳以育美""劳以创新"的目标，真正赋予劳动教育以内在的生命力。

2013年4月28日，习近平总书记在同全国劳动模范代表座谈时的讲话中指出："幸福不会从天而降，梦想不会自动成真。实现我们的奋斗目标，开创我们的美好未来，必须紧紧依靠人民、始终为了人民，必须依靠辛勤劳动、诚实劳动、创造性劳动。"中华民族伟大复兴的中国梦不是一蹴而就的，实现这个伟大梦想，必须靠亿万劳动人民的共同努力和不懈耕耘，共同托举起伟大梦想！

本书在编写过程中得到了内蒙古化工职业学院领导的大力支持，还有学院各系主任的全力相助，韩利民、王卫平、李继平、徐海军、徐祥龙、宿弘毅、马文龙担任顾问，张雅萍、边建平、张远担任主编，王昕、刘佳莹、袁芳、白剑臣、马洪玲担任副主编，崔文静、兰岚、刘坤、李炎竹、张海芳参与了本书部分内容的编写及资源查找工作。

编写者在编写本书过程中查阅了劳动法、科学史、技术史等与劳动有关学科领域的研究成果，以及报刊、博物馆、权威媒体等不同渠道的研究资料，积极吸收新理论、新观点，力求科学严谨、深入浅出。

为推进教学模式与教学方法创新，方便教学实施及评价，从而提升教学效果，本教材配套的在线课程资源"劳动托起中国梦"已经在学银在线平台上线。在线课程资源有教学视频、教学课件、知识点测试、期中期末试题库，还有独具北疆特色的非遗项目介绍等。今后，本团队还将不断完善和精进本教材及其在线课程资源，帮助教师实现课堂内外融合和线上线下贯通。

由于编写水平有限，本书难免存在不当之处，敬请广大读者批评指正。

编　者

2024年3月5日

目 录
Contents

第一章 劳动·初心

第一节 劳动教育的历史 / 3

一、劳动教育概念的内涵辨析 / 3

二、劳动教育发展的历史概略 / 4

三、中华人民共和国成立后劳动教育的发展历程 / 8

第二节 劳动教育的本质 / 10

一、马克思主义劳动观 / 11

二、培养全面发展的人 / 12

三、为时代发展赋能 / 13

第三节 新时代劳动教育 / 15

一、中国特色社会主义新时代 / 15

二、新时代劳动教育的价值意蕴 / 16

三、习近平新时代劳动教育观 / 19

第四节 劳动教育的回归 / 20

一、劳动教育清晰化 / 20

二、劳动教育重点化 / 20

三、劳动教育切实化 / 21

第二章　劳动·创造

第一节　农业社会中的劳动创造 / 25
　　一、文字的发明 / 25
　　二、兴修水利 / 29
　　三、从陶到瓷 / 33
第二节　工业社会中的劳动创造 / 41
　　一、珍妮纺纱机 / 42
　　二、蒸汽机车 / 43
　　三、无线电报机 / 51
第三节　信息社会中的劳动创造 / 52
　　一、"两弹一星" / 52
　　二、北斗导航 / 58
　　三、射电望远镜 / 60
第四节　智能社会中的劳动创造 / 62
　　一、虚拟现实 / 62
　　二、自动驾驶 / 63
　　三、万物互联 / 63

第三章　劳动·精神

第一节　大国工匠 / 67
　　一、认识工匠 / 68
　　二、走进工匠 / 72
　　三、学习工匠 / 75
第二节　劳动模范 / 80
　　一、认识劳模 / 80
　　二、走进劳模 / 86
　　三、学习劳模 / 90
第三节　劳动精神 / 94
　　一、内涵解读 / 94
　　二、精神传承 / 98

目 录

第四章　劳动·保障

第一节　劳动安全 / 105
　　一、安全标志 / 105
　　二、安全隐患 / 106
　　三、急救常识 / 112
第二节　劳动保障 / 123
　　一、劳动者的权利 / 123
　　二、劳动者的义务 / 126
　　三、劳动者权利的主要实现方式 / 127

第五章　劳动·梦想

第一节　日常生活劳动 / 131
　　一、我们的小家 / 131
　　二、共同的家园 / 133
　　三、多彩的大学 / 136
　　四、打破思维　完善自我 / 139
第二节　专业劳动 / 142
　　一、专业课程学习 / 142
　　二、专业实训 / 144
　　三、专业实习 / 146
　　四、匠心筑梦　成就自我 / 148
第三节　公益劳动 / 151
　　一、社会调研 / 151
　　二、志愿服务 / 153
　　三、社会实践 / 155
　　四、与爱同行　奉献自我 / 157

参考文献 / 164

第一章

劳动·初心

"用勤劳的双手和诚实的劳动创造美好生活。"

——2019年4月30日 习近平总书记在纪念五四运动100周年大会上的讲话

核心问题

1. 什么是新时代的劳动教育？
2. 中华人民共和国成立后，劳动教育经历了哪几个重要发展时期？
3. 在历史唯物主义的视域中，马克思是如何分析人类劳动的基本价值的？
4. 习近平关于新时代劳动教育观的重要论述是什么？

第一节　劳动教育的历史

劳动教育随着社会生产的发展而发展。人类在长期的劳动实践过程中，逐渐丰富了对劳动的理解，积累了对劳动教育的经验与认知，进一步明确了劳动教育的基本内涵。把握劳动教育的基本特征，对于有效实施新时代劳动教育有着重要的现实意义。在中华人民共和国成立七十余年的沧桑巨变中，随着劳动教育的形态不断更迭，劳动教育的内涵及功能发生了全面而深刻的变革。因此说，劳动教育是一个动态、发展的概念，其内涵随着时代的变化而不断丰富、发展和完善。

一、劳动教育概念的内涵辨析

从以往劳动教育的有关定义可以发现，人们对劳动教育本质属性的认识大体可以分为三类。

1. 将劳动教育视为德育的主要内容。《辞海》对劳动教育的定义是："对学生进行热爱劳动和劳动人民、珍惜劳动成果、树立正确的劳动态度、通过日常生活培养劳动习惯和技能的教育活动。"《中国大百科全书》对劳动教育的定义为："使学生树立正确的劳动观点和劳动态度，热爱劳动和劳动人民，养成劳动习惯的教育，是德育的内容之一。"[①]

2. 将劳动教育主要视为智育的内容。《教师百科辞典》的定义是："劳动教育就是向受教育者传播现代生产的基本知识和技能，培养他们具有正确的劳动观点、劳动习惯和热爱劳动人民、劳动成果的感情。劳动教育十分重视劳动过程中的智力因素，把平凡的劳动同创造性劳动结合起来，把简单的劳动与富有知识的劳动结合起来。"[②] 这个定义均强调劳动教育的智育属性，将劳动教育的主要价值定位为传播现代生产基本知识和技能，提高社会劳动生产的智力水平。

3. 将劳动教育视为德育和智育的综合体。《中国百科大辞典》的定义为："劳动教育是以劳动实践为主，结合进行思想教育。技术教育是使学生掌握一定的生产知识及技术和劳动技能。"

新时代劳动教育是指在习近平新时代中国特色社会主义思想指导下，以塑造劳动观念、传递劳动知识、传授劳动技能、端正劳动态度和培养劳动习惯等为主要内容，旨在系统提升受教育者的劳动素质，促进其全面发展的德育活动。（摘自：《光明日报》2019 年 05 月 06 日　曲波　《新时代劳动教育的思想意涵与实践要义》）其内涵包括劳动技能培养、劳动意识培养、创新创业能力培养、实践与社会参与以及生态环境意识培养。这些内容旨在通过塑造劳动观念、传递劳动知识、传授劳动技能、端正劳

[①] 这两个定义均强调劳动教育的德育属性，直接将劳动教育定义为德育的一部分，侧重热爱劳动和劳动人民的情感、正确劳动观念和态度的培养，把劳动习惯和技能的教育看作日常生活培养的内容。

[②] 成有信在其《教育学原理》中更是直截了当地将劳动教育定义为："培养学生具有现代工农业生产的基本知识和基本技能的教育。"

动态度和培养劳动习惯等方式，提升受教育者的劳动素质，提升他们全面发展、适应社会需求的能力，为社会建设和国家发展做出积极贡献。

从社会发展的角度来说，劳动不仅创造了人本身，而且是推动社会不断发展的重要动力之一，这就是劳动对人类社会发展的重要价值。而从教育的角度来说，劳动在学生发展和成长中也有着重要的作用，正如教育家苏霍姆林斯基所说："儿童的智慧在他的手指尖上。"劳动表面上看是一种体力劳动，实际上学生身体在得到锻炼的同时，其自理能力、自立能力也能够提升。劳动还能磨炼其意志品质，从而促进其智力的发展，这对于学生的全面成长和健康发展是非常重要的。劳动教育再次站回了重要的位置。

二、劳动教育发展的历史概略

（一）远古时期的劳动教育

远古社会：教育寓于劳动之中，自从有了人，便有了教育，教育的逻辑起点自然是人类社会的产生。历史上曾经出现过关于教育起源问题的三种著名学说：生物起源说、心理起源说、劳动起源说（社会起源说）。教育的劳动起源说是苏联教育理论界在20世纪30年代从恩格斯的"劳动创造了人本身"这一论断出发，在批判前两种学说（生物起源说和心理起源说）的基础上，在马克思主义理论指导下形成的，迄今被认为是教育的真正起源。在马克思哲学中，劳动首先意指生命活动，因为劳动不仅仅是维持肉体生存的一种手段，而且是类生活，是产生生命的生活，是人通过实践创造世界，证明自己是有意识的类存在物的过程。教育起源于人类的社会生产劳动，人类劳动的产生为教育的发展提供了可能条件和必要条件。我们的祖先"使手在攀缘时从事和脚不同的活动，因而在平地上行走时就开始摆脱用手帮助的习惯，渐渐直立行走。这就完成了从猿转变到人的具有决定意义的一步"。同时，在劳动的过程中产生了语言，西汉的淮南王刘安在《淮南子·道应训》一文谈到的《邪许》："今夫举大木者，前呼邪许，后亦应之。此举重劝力之歌也。"鲁迅在《且介亭杂文·门外文谈》一文中对刘安的论据进行精辟的诠释："我们的祖先的原始人，原是连话也不会说的，为了共同劳作，必需发表意见，才渐渐的练出复杂的声音来，假如那时大家抬木头，都觉得吃力了，却想不到发表，其中有一个叫道'杭育杭育'，那么，这就是创作……"人是什么？人是有语言、能思维、能够制造和使用工具的高等动物，在劳动的过程中，人的手、脚、发声器官、大脑等都得到了发展，所以劳动创造了人。为了人的延续和发展，必须将劳动过程中形成与积淀的生产斗争经验和社会生活经验传递给下一代，年轻一代在跟随长者学习狩猎、打鱼、种植、建造等技能的过程中便产生了教育。教育的基本职能就是传递社会生产与生活经验。原始祖先在劳动过程中使用石器、骨器等劳动工具，人工取火技术得到发展，纺织、制造陶器的原始手工业也得到发展，由此看来，生产劳动的过程就是教育的过程，人们在教育中习得生产劳动的基本生产和生活技能。劳动被看作"一切历史的基本条件"和"人类的第一个历史性活动"，其既是人类历史发展的事实起点，又是整个历史唯物主义建构的逻辑起点。

远古时期，由于生产力低下，教育的内容主要以传授狩猎、打鱼、钻燧取火、农

耕、灌溉、制作车船等工具的方法和技能为主，所以生产劳动教育是核心和主旨，由此而衍生出生活习俗、宗教、艺术、体格与军事训练等教育。从四帝的少昊开始，才有了"司徒"这一专门掌管教化的官职。尧舜时期，已出现收徒弟、授技艺的教育活动。收徒授艺意味着正规专门的学校教育初见雏形。远古时期有名的师者不乏其人，如教民"皆巢居以避之，昼拾橡栗，暮栖木上"的有巢氏，"教民以猎"的伏羲氏，教民"钻燧取火，以化腥臊"的燧人氏，"教民播种五谷、尝百草"的神农氏、"教民稼穑"的后稷以及"以木为车"的吉光等。教育的方式与手段主要通过口耳相传、行为模仿、单向授受。

（二）先秦时期的劳动教育

先秦时期（公元前21世纪—公元前221年）："劳心者"的教养教育与"劳力者"的体力劳动教育并存于原始社会末期，物质资源丰富，剩余劳动产品增加，社会也有了明显分工，有一部分人专门掌管劳动产品，出现阶级与国家，这就是从事单纯体力劳动的群众同管理劳动、经营商业和掌管国事以及后来从事艺术和科学的少数特权分子之间的大分工，这种分工导致了阶级的产生——脑力劳动者成为统治阶级，体力劳动者是被统治阶级，教育成为统治阶级维护其统治的工具。先秦的统治者们意识到老百姓只有劳作才能使天下太平，所以十分重视劳动与劳动教育。在"学在官府，礼不下庶人"的奴隶制等级社会里，劳动与劳动教育是被剥削被压迫阶级的事情，他们为了生存，必须劳动，以及在劳动过程中将手艺、技术等代代相传。劳动是生命存在的标志，人类为生存就必须劳动，这是普遍的自然规律。

春秋战国时期，劳动教育逐渐得到了国家的重视，我们所熟知的古代六艺便是最好的体现。学校教育以君子六艺——礼、乐、射、御、书、数为教育内容，完全隔绝以物质生产方式和技能为主要内容的劳动教育。《三字经》中的"礼乐射，御书数"所言就是礼法、音乐、射箭、驾车、书法和算数是古代读书人必须学习的六种劳动技艺。

春秋战国是我国古代社会的转折点，此时百家争鸣、学术繁荣，如先秦诸子中，劳动教育做得最好的当属墨子。墨子，中国古代著名的思想家、教育家等。他创办了墨学，成为墨家学派的创始人。其劳动教育理论与实践达到了同时代世界的最高水平。墨子在《墨子·非乐》上篇指出："今人固与禽兽、麋鹿、蜚鸟、贞虫异者也。今之禽兽、麋鹿、蜚鸟、贞虫，因其羽毛以为衣裘，因其蹄蚤以为绔屦，因其水草以为饮食。故唯使雄不耕稼树艺，雌亦不纺绩织纴，衣食之财固已具矣。今人与此异者也。赖其力者生，不赖其力者不生。"意思是说：人与动物是不一样的，禽兽、麋鹿、蜚鸟、贞虫等可以依赖自然而生，但人不一样，人应赖力而生，应积极地依赖自己的劳动而求得生存。这强调了劳动的重要性。可以说，墨子的劳动观是劳动平等观，这样的劳动观和他的"兼爱""非攻"的思想是一脉相承的。墨子不只在理论上提出这样的劳动观，更是带领着自己的弟子筑基造器，是名副其实的劳育教师。墨家学派对劳动教育、科学和技术教育极为重视，对当今我国劳动教育的发展有着重要的借鉴意义。从先秦起，先民就对劳动教育高度重视，这是因为劳动是人类创造美好生活的根基。

儒家思想中也蕴含了劳动教育的内容，尤以耕读传家思想为重。《围炉夜话》中说："耕所以养生，读所以明道，此耕读之本原也。"意即农忙时耕田种地，获取生活

资料；农闲时浏览书籍，获取精神养料。这确实是一种理想的社会家庭生活方式，或许只有在"耕读社会"形成的社会生活方式和传统文化，才能给人以安乐、宁静、和谐、自然的人生化境。耕读文化中所蕴含的劳动教育是指通过劳动的方式来锻炼学生的体质、意志和能力，培养其勤劳、创新和团队协作精神。在耕读文化中，劳动教育是耕作和读书相辅相成的一部分，既注重生产实践，又注重文化知识。通过耕业中的劳动活动，学生能够加深对自然的认识，知晓对生命的尊重和爱护，了解农业文化的内涵和意义，还能获得生活技能和动手能力。耕读文化不仅注重生产实践，而且注重文化知识的积淀。在耕读文化中，读书是非常重要的一部分。通过阅读，人们可以获取各种知识，增长见识，拓宽视野，提高自己的修养。读书不仅可以提高学生的识字量，提升学生的语文水平，还能开拓学生的思维，培养其批判性和创新性思维。在劳动教育中，耕读文化可以发挥重要的作用。首先，通过耕作活动，学生可以了解农耕文化的重要性，学习如何进行农业生产，了解农作物的生长、病害防治和收获等方面的知识，还能体会到农民的辛苦。其次，在读书方面，学生可以获得更多的文化知识，理解更多的道理和道德知识，从而形成正确的价值观和世界观。通过耕读活动，学生能够全面掌握生产实践和文化知识，这有助于他们成为有能力的社会人才，为社会发展做出更多的贡献。总之，耕读文化和劳动教育是密不可分的，二者相互促进、相互支持。

（三）汉代的劳动教育

汉代十分重视儿童的劳动教育，采取了务实管用且形式多样的劳动教育形式。这可以从大量出土的汉代画像石中得到印证。汉代以农业立国，农耕是农民的天职，儿童是家庭的重要成员，把儿童培养成为具备劳动技能、掌握农耕知识的劳动者，是每一个农业家庭的基本诉求。而儿童要获得劳动技能、懂得农耕知识，不太可能通过端坐在庠序等学堂之中由教书先生传授，最普遍的做法就是大人带着儿童走到田间地头观摩。因此，儿童直接参加农业生产、抑或出现在田间地头，就成为农耕图中不可缺少的元素和图景。中国农业博物馆编《汉代农业画像砖石》（中国农业出版社出版，1996年）一书收录了多幅反映农耕内容的画像，画像之中可以清晰分辨出与成人身高明显不同的儿童身影，尤其以"陕西绥德县牛耕点播画像石""江苏睢宁县双沟牛耕画像石"最为大众熟知。耕田种地极耗费体力，汉代的儿童参加农耕活动，很多是为生计所迫。史书中有大量的记载，如楚汉相争之际，吕后经常带着一双儿女在田间劳作；东汉时著名的"四知先生"杨震，少时因为家境贫寒，与母亲相依为命，不得不租种别人田地，以维持生计。从另一个角度看，儿童参加农耕劳动是汉代儿童劳动教育的重要形式之一。

（四）魏晋南北朝时期的劳动教育

魏晋南北朝时期的《颜氏家训》中也谈到了劳动的意义。颜之推，一生坎坷，三经世变，身仕四朝。当时，国家分裂，战乱频仍，朝代更替频繁，士族衰落，动荡的时局令他清醒地意识到，必须以家庭教育来"整齐门内，提撕子孙"（《颜氏家训·序致》，以下引此书只注篇名）。他在《勉学》中深刻阐释了劳动的意义，提出以"人生

在世，会当有业"为核心价值的家庭劳动教育理念，以期培养子孙勤学立业、勤俭向善的劳动精神和品格，引导子孙树立自力更生、积极担当的人生价值追求。

《颜氏家训》中劳动教育的主要内容："以业立世"是颜之推家庭劳动教育的核心价值精神。那么一个人该立何业、如何立业？颜之推在《颜氏家训》中对这些问题所做的解答，便是劳动教育的具体内容。

（1）皆有先达，可为师表：业无尊卑的劳动观念。他认为，一个人只有掌握相应的职业技能，有自己的职业和事业，才能立定自身，维持家庭的运作，也才能保证国家的安定有序。在颜之推看来，职业虽然分工不同，但都有各自的专属技能和技术要求。每个职业所涉及的专业技能是需要全面地悉心学习和深入钻研的。只有这样，才能胜任其职。

（2）贵能有益于物耳：实干务实的劳动精神。颜之推教导子孙，为人处世要有务实精神，做有益于他人的事，不可高谈阔论、虚度人生。他说："士君子之处世，贵能有益于物耳，不徒高谈虚论，左琴右书，以费人君禄位也。"（《涉务》）在他看来，一个士君子如果不能在自己的公职岗位上做到尽职尽责，那是令人羞耻的。

（3）施雨不奢，俭而不吝：勤俭向善的劳动品格。勤劳节俭是中华民族的传统美德，它可以让生活变得富足，要求对劳动成果表示尊重和珍惜。针对生活中时常存在的"施则奢，俭则吝"现象，颜之推劝导子孙应该做到"施而不奢，俭而不吝"（《治家》）。他认为，在践行节俭美德时要注意把握"度"，既不能弃节俭美德成奢侈，又不能节俭过度成吝啬。

（4）学之所知，施无不达：知行合一的读书理念。与传统儒家将"成圣成贤"视为读书目的不同，颜之推秉持"以业立世"的核心价值观念，提出读书是一种职业技艺的观点。

颜之推强调读书是为了开心明目、增益行动。他主张"学之所知，施无不达"，学习与实践应该统一起来，实现知行合一。颜之推又举"孝"德为例，指出孝的真谛就体现在日常侍奉父母的劳务中。

现代教育家陶行知先生曾说："世界上有四种人：一种是劳心的人；一种是劳力的人；一种是劳心兼劳力的人；一种是在劳力上劳心的人。单单劳力，单单劳心，都不能算是真正之做。真正之做须是在劳力上劳心。"陶先生强调"做"，并指出真正的"做"是要用心思去指导并指挥"做"，由此强调劳力和劳心的合一性，消除劳动和职业上的歧视。可见，颜之推在其家训中提倡的"学之所知，施无不达"已是非常先进的教育理念。

拓展阅读

颜氏家训（上）　　颜氏家训（下）

（五）宋代的劳动教育思想

南宋诗人陆游诗云："纸上得来终觉浅，绝知此事要躬行。"意谓从书本上学来的东西终归是浅显的，只有参加到实践活动中才能够获得最真实的知识。实践知识本身就是一种知识，不身体力行地动手操作，不可能领悟其中的奥秘。他主张知、行统一。

知与行、理论与实践是哲学认识论的重要命题。陆游在教学理论中讲述了学习的方式及知识的价值和作用问题。

陆游还主张为学须注重力行，谓"言之而必践焉，心之而不徒口耳焉，无余道矣"。此名句更闪耀着躬行思想的光辉，强调学与行结合，学由行体现，从而促使学习的感受及认识在实践中得到深化、升华，继而又反作用于实践，为行提供指引与思想导向。而连续不断地躬行，即"实践—认识—再实践—再认识"的过程，也是学习者不断巩固所学知识的必要过程。新一轮基础教育课程改革提倡的自主、合作、探究学习与此一脉相承。

（六）明清时期的劳动教育

明中叶以后，随着资本主义萌芽和商品经济的发展，形成了颇具影响的实学教育思潮，出现了一批以黄宗羲、顾炎武、王夫之、颜元等人为代表的启蒙思想家，对理学教育和八股取士发起了更加猛烈的进攻。他们主张"实学""实用"，培养"经世致用"的人才，并积极地付诸实践，使这一时期的教育依稀透出近代教育的曙光。

明清颜元的劳动思想"劳动修身正心"以实学实用为主。颜元主张文武相济、高度和谐地教育学生，即将德智体美劳五育融为一体，共同促进学生的发展。颜元认为，"礼、乐、射、御、书、数似苦人事，而却物格知至，心存身修而日壮，讲读文字似安逸事，而却耗气竭精，丧志痿体而日病"，强调育人必须注重习行。他还认为，"读书无他道，只须在'行'字著力，如读'学而时习'便要勉力时习"。颜元积极地引导学生主动学习，身体力行地通过大量实践活动，获取第一手资料，并反过来检验从实践中获得的新知识。

三、中华人民共和国成立后劳动教育的发展历程

中华人民共和国成立以来，教育与生产劳动相结合是我党历来坚持的教育方针。早在1934年，毛泽东同志就把"教育与劳动联系起来"列为中华苏维埃政府文化教育总方针的重要内容。1958年，《中共中央、国务院关于教育工作的指示》又明确将"教育与生产劳动结合"确定为党的教育工作方针。20世纪90年代，教育"与生产劳动和社会实践相结合"的提法被写进了《中华人民共和国教育法》，并在2015年的修订稿中予以保留。

（一）新民主主义社会向社会主义社会过渡时期的劳动教育

中华人民共和国成立前夕，《中国人民政治协商会议共同纲领》将"爱劳动"列为国民五项公德之一。从徐特立《论国民公德》一文可以看出，培养与新民主主义时期生产方式相一致的劳动态度，建立劳资两利的和谐劳动关系，是当时以"爱劳动"为国民公德的主要原因。而在劳动公德教育的内容上，徐特立特别提出两点——劳动态度的改变（"不劳动者不得食"）和劳动权的保证（"给劳动者以劳动权"），把劳动的道德、权利、义务三者结合起来，巩固劳动纪律。

（二）社会主义建设探索时期的劳动教育

1956年，我国开始进入全面社会主义建设时期，教育事业的发展极为迅速。教育

与劳动结合，是教育革命的主要内容之一，因此，劳动教育被视为"贯彻用手与用脑、学习与劳动、生产与教育、理论与实际密切结合的原则"的正确道路；让学生获得比较完全的知识，成为全面发展的人、工人化的知识分子、知识分子化的工人的唯一方法。

（三）改革开放后我国劳动教育的发展

全国教育工作逐步走向正常化，劳动教育政策也开始发生重大转折。1977年，邓小平指出，劳动教育需要适时、适量进行，不能以劳动代替劳动教育，长时间的劳动会妨碍学生身心健康发展，劳动教育开始回归正轨。

总体来看，中国共产党历经28年艰苦奋斗取得了新民主主义革命的胜利，在中华人民共和国成立后继续坚持教劳结合方针，教劳结合内涵逐渐丰富，实现了现代劳动教育政策的话语转变，并推动了社会主义政治、经济及文化教育领域之变革。

（四）劳动教育转型发展时期

进入20世纪90年代之后，我国进行市场经济改革，劳动教育的政策进一步强调服务社会主义现代化建设的目标。这时的劳动教育处于重大转型阶段，综合实践化、人本化和素质教育化是该阶段过渡的重点和目标，人的劳动培养由此有了更全面的内涵和意义，为21世纪全面建设小康社会中劳动教育的发展奠定了思想理论根基并提供了初步探索经验。

（五）劳动教育整合发展时期

2001年《国务院关于基础教育改革与发展的决定》（以下简称《决定》）发布，赋予了劳动教育愈加丰富的内涵与要求，推动了劳动教育迈入整合发展的时代。劳动教育课程不再单设，而是设在综合实践活动课程之内。

进入21世纪以后，劳动教育进入整合发展时期，通过设置综合实践活动课程的方式让劳动教育更加多元化、以人为本，凸显课程内在人文性价值的丰富化。

（六）劳动教育新时代发展时期（2012年至今）

2012年党的十八大后，我国进入中国特色社会主义新时代，教育的改革发展也进入了新时代。在综合素质评价稳步推进以及立德树人教育体系逐步完善的大背景下，将"劳"纳入教育方针提上了工作日程。

2020年3月20日，中共中央、国务院印发《关于全面加强新时代大中小学劳动教育的意见》，其中主张：充分认识新时代培养社会主义建设者和接班人对加强劳动教育的新要求；全面构建体现时代特征的劳动教育体系；广泛开展劳动教育实践活动。

总体来看，在以习近平同志为核心的党中央领导下，我国进入中国特色社会主义新时代。劳动教育开始加速发展，关于劳动教育的落实机制也愈加健全，劳动教育更加趋向价值观的引领，多学科资源的相互整合与开放性包容性的方式方法不断涌现，新时代劳动教育健全的实践体系正在构建。劳动教育政策不再依附于其他政策之内，且专门的劳动教育政策数量呈渐增趋势，劳动教育政策迎来新生。

（七）劳动教育新形态

改革开放以来，素质教育就像红线贯串于教育领域各项改革之中，《国家中长期教

育改革和发展规划纲要（2010—2020年）》更是明确指出："坚持以人为本、全面实施素质教育是教育改革发展的战略主题。"高等教育领域也经历了从精英教育向大众教育转变过程中的阵痛，以质量为核心推进高等教育内涵建设和以素质为核心提升人才培养水平，是全面保障我国高等教育可持续科学发展的关键点。在持续推进素质教育改革的过程中必须认识到，开展劳动教育是实现学生全面发展的必要条件，没有劳动教育的素质教育不是全面的素质教育，没有劳动教育作为载体，素质教育的开展也不能有效达到目标。

2007年，党的十七大报告称教育要"育人为本、德育为先"，并积极实施素质教育。总之，这一阶段"五育"的研究主要集中在对受教育者本身的素质培养方面。

2015年，根据习近平总书记系列讲话精神，教育部、共青团中央、全国少工委出台了《关于加强中小学劳动教育的意见》，提出了劳动教育的培养目标和工作目标，强调"通过劳动的教育"强化其他四育，达到"树德、增智、强体、育美、创新"的效果，促进学生德智体美劳全面发展。

2018年9月10日，针对当前一些青少年中出现的"不爱劳动、不会劳动、不珍惜劳动成果"的现象，习近平总书记在全国教育大会上特别强调了劳动教育的重要性，强调要在学生中弘扬劳动精神，教育引导学生崇尚劳动、尊重劳动，懂得劳动最光荣、劳动最崇高、劳动最伟大、劳动最美丽的道理，长大后能够辛勤劳动、诚实劳动、创造性劳动；强调构建德智体美劳全面培养的教育体系，形成更高水平的人才培养体系，使我国社会主义教育的培养目标更为完整。这一重要讲话明确将劳动教育确定为全面发展教育的重要组成部分。

拓展阅读

劳动教育是人生第一教育

教育部将出台大中小学劳动教育的指导意见和劳动教育大纲，修订教育法纳入教育方针，鼓励职业院校联合中小学开展劳动和职业启蒙教育，并将其纳入中小学相关课程和综合素质评价，因地制宜开展家务劳动、校园劳动、校外劳动和志愿服务等劳动，全面构建实施劳动教育的政策保障体系，开展劳动教育的考核、评估与督导。

以劳树德，以劳增智，以劳强体，以劳育美，以劳创新，将劳动教育融入学校的实践中，从劳动习惯、劳动态度、劳动认知、劳动知识与技能方面对学生进行培养，培养学生正确的劳动价值观，让劳动教育成为学生健康成长的底色。因此，学校要从小学生劳动素养培育入手展开调查分析，并采取相应措施。

第二节　劳动教育的本质

党的十八大以来，习近平总书记发表了一系列关于劳动的重要讲话，从马克思主义的立场出发，深入阐述了劳动的重要地位。习近平总书记关于劳动的重要论述，对

新时代的人才培养提出了新要求。在新时代的历史起点上，劳动在推进伟大事业、实现伟大梦想的历史伟业中的基础性作用、决定性作用和关键性作用更加日益凸显。

一、马克思主义劳动观

劳动是马克思用以分析人类历史发展的核心范畴之一。人类历史是以人的物质劳动作为载体的历史，劳动在整个人类社会和社会历史的发展中处于关键性地位。在历史唯物主义的视域中，马克思对人类劳动的基本价值进行的分析主要表现为劳动创造世界、劳动创造历史和劳动创造人本身三大主张。

（一）劳动创造世界

马克思认为，构成人类赖以存在的现实世界的关键要素之一正是人的劳动，而且这种劳动是现实生活中的人的感性物质劳动，即作为人类实践活动最基本形式的"生产劳动"。马克思认为，这是区分人与动物的关键。"当人开始生产自己的生活资料，即迈出由他们的肉体组织所决定的这一步时，人本身就开始将自己和动物区别开来。人们生产自己的生活资料，同时间接地生产着自己的物质生活本身。"从这里可以看出，人类的生产劳动都是有意识、有目的的活动，试图创造出一个可以满足人类生活需要的物质世界。

但是，在马克思看来，从事生产劳动的个体"并不是处在某种虚幻的离群索居和固定不变状态中的人，而是处在现实的、可以通过经验观察到的、在一定条件下进行的发展过程中的人"。因此，马克思历史唯物主义所理解的世界，本身是人类的现实生产劳动的结果，而不是与人类的现实生产劳动无关的抽象的外在实体。

也正是通过劳动，人类和外部世界的关系才发生了根本性的转变，原先自在意义的自然世界逐渐成为自为意义的人类世界。在这一世界中，关键性的问题不再通过劳动来解释。作为人类最基本实践活动形式的劳动将感性活动转变为人的现实社会活动。由此，马克思正式揭示了劳动的社会规定性，并从人与人的社会关系层面来理解和把握劳动，从而实现了历史唯物主义对之前一切旧唯物主义的根本性超越。

（二）劳动创造历史

在马克思看来，只有人类的生产劳动才真正构成人类历史的基础，才是解开人类历史发展秘密的钥匙。他说："人们为了能够'创造历史'，必须能够生活。但是为了生活，首先就需要吃喝住穿及其他一些东西。"因此，人类的第一个历史活动就是生产满足这些需要的资料，即生产物质生活本身，而且这是人类从几千年前直到今天单是为了维持生活就必须每日每时从事的历史活动，是一切历史的基本条件。因此，只有立足于生产劳动才能真正理解人类历史的发展，只有劳动人民才是历史的创造者，而人类创造历史的行动蕴含在日常生产劳动之中。马克思由此批判了各种独立于人的生产劳动之外的唯心主义历史观，并将劳动看作建立历史唯物主义的基石，人类历史发展的一切现实性都离不开人的劳动过程。对于马克思的这一伟大发现，恩格斯曾经鲜明地指出："历史破天荒第一次被置于它的真正基础上；一个很明显的而以前完全被人忽略的事实，即人们首先必须吃、喝、住、穿，就是说首先必须劳动，然后才能争取

统治，从事政治、宗教和哲学等，这一很明显的事实在历史上的应有之义此时终于获得了承认。"总的来看，在马克思的历史唯物主义中，劳动被看作"一切历史的基本条件"和"人类的第一个历史性活动"，既是人类历史发展的事实起点，又是整个历史唯物主义架构的逻辑起点。马克思正是通过劳动来揭示物质资料生产的作用，发现了人类社会关系发展的客观规律性，并由此肯定了人的主体地位，继而发现劳动人民在历史发展中的伟大作用。而这正是马克思全面建立历史唯物主义的两个理论准备。

（三）劳动创造人本身

马克思深刻指出，劳动不仅创造出人类的物质世界和社会历史，而且创造了人类自己。"劳动首先是人与自然之间的过程，是人以自身的活动来引起、调整和控制人和自然之间物质交换的过程。"这是由于为了能够在对自身生活有用的形式上占有自然物质，人类必须使身上臂和腿、头和手运动起来，而当人类通过这种运动作用于自身外的自然并改变自然时，也就同时改变自身所处的社会生活及人类本身。因此，劳动是整个人类生活的第一个基本条件，而且达到这样的程度，以致在某种意义上不得不说：劳动创造了人本身。对此，恩格斯在《自然辩证法》一书中依据当时的科学研究成果，从人类起源的意义上论证了劳动在从猿到人的转变过程中具有决定性作用。这种决定性作用主要体现在两个方面：不仅在人类的起源意义上，是劳动创造了人本身，而且在人类的进化意义上，也是劳动创造了人本身。正是在改造世界的劳动过程中，人类才真正地证明自己是类存在物，而劳动就是人类能动的类生活。人只有通过作为类生活的劳动，"自然界才表现为他的作品和他的现实。因此，劳动的对象是人的类生活的对象化：人不仅像在意识中那样在精神上使自己二重化，而且能动地、现实地使自己二重化，从而在他所创造的世界中直观自身"。总之，劳动不仅是人的本质规定，而且是人类自身生产和再生产的创造过程。

二、培养全面发展的人

劳动教育教什么？根据教育部印发的《大中小学劳动教育指导纲要（试行）》可知，日常生活劳动教育立足个人生活事务处理，结合开展新时代校园爱国卫生运动，注重生活能力和良好卫生习惯培养，树立自立自强意识。生产劳动教育要让学生在工农业生产过程中直接经历物质财富的创造过程，体验从简单劳动、原始劳动向复杂劳动、创造性劳动的发展过程，学会使用工具，掌握相关技术，感受劳动创造价值，增强产品质量意识，体会平凡劳动中的伟大。服务性劳动教育让学生利用知识、技能等为他人和社会提供服务，在服务性岗位上见习实习，树立服务意识，实践服务技能；在公益劳动、志愿服务中强化社会责任感。

劳动教育的个体性功能是指劳动教育对受教育者个体的作用和影响。劳动教育活动与生产活动、经济活动等最大的不同，就在于它是一种有目的地培养人的劳动素养的活动，因而育人功能是劳动教育的本体功能和最重要的功能表现。在"育人"的内容上，劳动教育主要是用日常生活劳动、生产劳动和服务性劳动中的知识、技能与价值观等内容来"育人"。在"育人"目标上，劳动教育要将"人""育"成具有正确的劳动观念、必备的劳动能力、积极的劳动精神、良好的劳动习惯和品质的社会主义建

设者和接班人。如果从德、智、体、美四个维度来分析，劳动教育的育人功能就体现在它能够形成一定的劳动道德观念和劳动道德行为，增长个体的劳动智慧，强健个体的体魄，使个体形成一定的审美意识和能力，即"树德""益智""强体""育美"。

劳动教育是社会主义教育的重要特征，它以马克思主义"人的全面发展"学说为指导，为我们提供了坚实的理论基础。在社会主义教育中，劳动教育既是教育内容又是教育目的，意在培养青少年的劳动本领，引导他们树立劳动光荣的价值观念，保持作为社会主义国家主人翁的劳动本色。劳动教育是培养社会主义建设者和接班人的重要途径。

新中国的教育，始终以马克思主义"人的全面发展"学说为教育目的，坚持教育与生产劳动相结合。这种结合，首先反映在毛泽东主席提倡的"人民教育"，即学校必须为工农开门的方针上。这是教育为工农大众服务的原则。改革开放以前，学校教育不但有生产劳动的课程，还安排学工、学农活动。这种学习重点是劳动态度、劳动观念和劳动意识的学习，是劳动价值观的习得。从习近平总书记在全国教育大会上提出"要努力构建德智体美劳全面培养的教育体系"，到《关于全面加强新时代大中小学劳动教育的意见》和《大中小学劳动教育指导纲要（试行）》的发布，劳动教育在全国各大中小学如火如荼地开展起来。中国教育学会研究员时俊卿指出，劳动教育区别于劳动，也区别于劳动技术教育。它是使受教育者树立正确的劳动观点和劳动态度，热爱劳动和劳动人民，养成劳动习惯，了解劳动场景程序技术、科学享受劳动成果的教育，是人德智体美劳全面发展的主要内容之一。

三、为时代发展赋能

人民创造历史，劳动开创未来。中国共产党自诞生之日起，就与人民群众紧密地联系在一起，党的伟大事业也依靠广大人民群众的辛勤劳动来实现。回顾党的百年历史，中国共产党走过了新民主主义革命时期、社会主义革命和建设时期、改革开放和社会主义现代化建设新时期，并迎来了中国特色社会主义新时代。在这漫长的奋斗历程中，劳动始终内在地存在于党的各项事业之中，党对劳动教育的探索也经历了从劳动觉醒到劳动报国，再到劳动富国、劳动圆梦几个重要阶段。系统梳理中国共产党对劳动教育百年探索的历史脉络，有助于明确新时代劳动教育的发展方向，从而更好地汇聚起全社会力量，携手共建具有中国特色的高质量劳动教育体系。

（一）劳动觉醒：新民主主义革命时期党对劳动教育的探索（1921—1949年）

新民主主义革命时期，围绕民族独立、人民解放这一主题，中国共产党将劳动教育作为革命斗争的重要手段，以启发民众思想觉悟、唤醒民众革命意识；通过劳动教育来发展生产，以支援革命；令普通劳动者都能享有教育，以壮大革命力量。可见，自建党之初起，劳动教育就与党的事业有着天然的联系。

（1）将劳动教育作为革命斗争的重要手段，以启发民众思想觉悟、唤醒民众革命意识。

（2）通过劳动教育来发展生产，以支援革命。

（3）令普通劳动者都能享有教育，以壮大革命力量。

（二）劳动报国：社会主义革命和建设时期党对劳动教育的探索（1949—1978年）

中华人民共和国成立之初，面对异常艰难和复杂的国际国内形势，中国共产党团结带领全国各族人民进行社会主义革命和建设，为开创中国特色社会主义奠定了坚实基础。这一时期的劳动教育主要为激发全体民众建设新中国的劳动热情，以服务于社会主义革命和生产建设，基本生产技术教育成为劳动教育的重要内容，并明确提出了"培养劳动者"的教育目的。

（1）劳动教育服务于社会主义革命和生产建设。

（2）基本生产技术教育成为劳动教育的重要内容。

（3）明确提出了"培养劳动者"的教育目的

（三）劳动富国：改革开放和社会主义现代化建设新时期党对劳动教育的探索（1978—2012年）

改革开放以来，围绕"以经济建设为中心"的基本路线和"集中力量进行社会主义现代化建设"的时代主题，党中央一方面继续贯彻落实教育与生产劳动相结合的方针，另一方面与社会各方面的飞速发展相适应，劳动教育的内容和方式也发生了深刻变化，在新中国从站起来到富起来的伟大征程中发挥了重要作用。

（1）劳动教育服务于社会主义现代化建设。

（2）劳动教育的内容得到丰富和扩展。

（3）劳动教育成为实施素质教育的重要途径。

（四）劳动圆梦：中国特色社会主义新时代党对劳动教育的探索（从2012年至今）

党的十八大以来，以习近平同志为核心的党中央继承并发展了马克思主义劳动观，提出了"以劳动托起中国梦"的历史使命。基于"实干兴邦"的治国理念，习近平总书记多次围绕劳动、劳动者、劳动精神等内容进行深刻阐述，倡导要靠脚踏实地劳动开创美好未来，在全社会营造起一种崇尚劳动的文化氛围。劳动被赋予了全新的时代内涵，劳动教育也与德智体美并驾齐驱，成为中国特色社会主义教育制度的重要内容。

（1）劳动教育正式成为我国人才培养体系的组成部分。

（2）劳动教育与劳动文化双向促进。

（3）劳动教育关注人的创造性劳动能力培养。

（五）中国共产党对劳动教育百年探索的经验启示

（1）在坚持和发展中国特色社会主义中实现劳动教育的政治功能。

（2）在推动社会发展、实现富国强民中发挥劳动教育的经济功能。

（3）在不断完善党的教育方针中彰显劳动教育的育人功能。

拓展阅读

异化劳动

第三节　新时代劳动教育

一、中国特色社会主义新时代

习近平总书记一直尊重劳动、关心劳动者。党的十八大以来，他在多个场合多次提及劳动和劳动者。2015年4月28日，习近平在庆祝"五一"国际劳动节暨表彰全国劳动模范和先进工作者大会上的讲话中就曾经提出："我们的根扎在劳动人民之中。在我们社会主义国家，一切劳动，无论是体力劳动还是脑力劳动，都值得尊重和鼓励；一切创造，无论是个人创造还是集体创造，也都值得尊重和鼓励。全社会都要贯彻尊重劳动、尊重知识、尊重人才、尊重创造的重大方针，全社会都要以辛勤劳动为荣、以好逸恶劳为耻，任何时候任何人都不能看不起普通劳动者，都不能贪图不劳而获的生活。"2016年4月26日，习近平在知识分子、劳动模范、青年代表座谈会上的讲话中强调："素质是立身之基，技能是立业之本。广大劳动群众要勤于学习、学文化、学科学、学技能、学各方面知识，不断提高综合素质，练就过硬本领。要立足岗位学，向师傅学，向同事学，向书本学，向实践学。三百六十行，行行出状元。""梦想属于每一个人，广大劳动群众要敢想敢干、敢于追梦。说到底，实现中华民族伟大复兴的中国梦，要靠各行各业人们的辛勤劳动。现在，党和国家事业空间很大，只要有志气有闯劲，普通劳动者也可以在宽广舞台上展示自己的人生价值。"在2018年全国教育大会上，习近平总书记要求把劳动教育纳入培养社会主义建设者和接班人的总体要求之中，明确提出构建德智体美劳全面培养的教育体系。2020年3月，中共中央、国务院发布《关于全面加强新时代大中小学劳动教育的意见》（以下简称《意见》），对新时代劳动教育作了顶层设计和全面部署，意义重大，影响深远。我们必须增强全面贯彻党的教育方针、抓好新时代劳动教育的紧迫感、责任感。

党的十八大以来，中国特色社会主义进入新时代，教育的改革发展也进入新时代，要在综合素质评价稳步推进以及立德树人教育体系逐步完善的大背景下，将"劳"纳入教育方针提上了工作日程。

首先，坚持价值引领，确立思想方向。2015年7月，教育部等各部委相继发表有关劳动教育的重要意见，指出劳动教育在贯彻党的教育方针要求、实施素质教育和培育践行社会主义核心价值观方面具有难以估量的重要作用，对价值观塑造具有重大意义。依据国情和中国特色社会主义建设进展，准确认识新时代劳动教育的价值观意义，是对马克思主义中国化的有益补充，也是坚定理想信念的有力武器。劳动教育不单是简单的体力锻炼，更是一种正确劳动价值观的积极引导。劳动教育的本质是培育学生正确的劳动价值观，培育受教育者对于劳动的内在热情与外在创造力等素养，把握社会主义核心价值观方向，从思想上入手，培育新一代社会主义建设者和接班人的劳动技能，推动劳动教育实践的广泛开展。

其次，加强法治建设，明确制度规范。2021年4月《全国人民代表大会常务委员

会关于修改〈中华人民共和国教育法〉的决定》明确提出，教育"必须与生产劳动和社会实践相结合"，用法律的形式再次强调了"教劳结合"。2017 年颁布的《关于深化教育体制机制改革的意见》指出，要引导学生践行知行合一，积极动手实践和解决实际问题，在制度上规定了劳动教育应更加注重理论与实践结合、体力与脑力结合。2017 年颁布的《中小学综合实践活动课程指导纲要》从考察探究、社会服务、设计制作、职业体验方面对综合实践活动课程进行了制度化规范。

最后，建立长效机制，永葆新时代劳动教育的生机与活力。中华人民共和国成立以来，劳动教育缺乏健全机制，有关政策的推行多服务于社会建设，缺乏自身的独立性和连续性，综合实践活动课程也多停留在课程表上。建立劳动教育长效机制，推进教劳实质性结合，落实劳动与教育的内在融合，引发劳动价值自主体验、劳动意识自主萌发，将劳动教育的发展落到实处，势在必行。2019 年 1 月，教育部部长陈宝生提出，要从综合素质评价、综合实践基地建设以及职业启蒙教育等方面入手，将劳动教育融入日常生活学习，建立有效的劳动教育机制。

2020 年 3 月 20 日，中共中央、国务院印发《关于全面加强新时代大中小学劳动教育的意见》（以下简称《意见》）。《意见》对新时代劳动教育作了顶层设计和全面部署，意义重大，影响深远。《意见》将目标导向和问题导向结合起来，既立足国之大计、党之大计，站在中央的角度，着眼于落实"五育"并举总体要求，面向全党全社会，把劳动教育融入人才培养全过程和家庭、学校、社会教育各方面，构建全面系统的劳动教育体系，落实新时代培养社会主义建设者和接班人对人才培养的新要求；又基于对现实问题的深入调查分析，针对当前大中小学劳动教育存在的"教什么""谁来教""什么时间教""到哪儿教""不愿意教"等突出问题，明确劳动教育的目标体系、内容体系、实施体系和保障体系，确保新时代劳动教育要求能够有效落地。

中国特色社会主义进入新时代以来，劳动教育开始加速发展，关于劳动教育的落实机制也愈加健全，劳动教育更加趋向于价值观的引领，多学科资源的相互整合与开放性包容性的方式方法不断涌现，新时代劳动教育健全的实践体系正在构建。

二、新时代劳动教育的价值意蕴

习近平 2015 年在庆祝"五一"国际劳动节暨表彰全国劳动模范和先进工作者大会上的讲话中曾经强调："在前进道路上，我们要始终弘扬劳模精神、劳动精神，为中国经济社会发展汇聚强大正能量""要始终坚持人民主体地位，充分调动工人阶级和广大劳动群众的积极性、主动性、创造性""要始终实现好、维护好、发展好最广大人民根本利益，让改革发展成果更多更公平惠及人民；要始终高度重视提高劳动者素质，培养宏大的高素质劳动者大军"。"劳动"一直是一个时代话题，热度经久不灭，在当代仍显示出其极大的时代价值。

（一）有助于完善德智体美劳全面发展的教育体系，助全能人才的培养

学校教育的主要任务是为祖国培养德智体美劳全面发展的社会主义建设者和接班人，培养具有正确世界观、人生观、价值观、劳动观及事业观等的人才；学校肩负着"为人民服务、为中国共产党治国理政服务、为巩固和发展中国特色社会主义制度服

务、为改革开放和社会主义现代化建设服务"的神圣使命。为完成这一伟大的使命，国家大力推行德智体美劳全面发展的教育方针。加强劳动教育，是学校立德树人的重要组成部分，是对新时代教育方针的丰富和贯彻落实，是形成高质量人才培养体系的必然要求。

根据新时代马克思主义劳动观以及新时代劳动者素质培养目标，劳动教育要正确处理各种劳动范畴的关系，正确处理学习与其他劳动的关系，让受教育者明确认识到学习科学文化、参与科研也是脑力劳动的一种，是受教育者的主要劳动形式和内容。投身科研就是参加脑力劳动，热爱学习、热爱科研也是热爱劳动的一个重要表现。在知识不断更新的时代，在个人职业不得不发生转换的现代社会，学会自主学习以及正确的脑力劳动方法和技能，培养热爱劳动的习惯，有利于培养高素质劳动力，维持和提高劳动力的价值，更有利于提高受教育者的职业适应度，减少职业转换率及时间，进而提高整个社会的经济效益。就此而言，学会学习就是学会脑力劳动，无论是对社会还是对个人，都具有更为重要的意义和价值。正是由于受教育者在学校所从事的主要是脑力劳动，这才使适当的见习实习劳动、公益劳动及家务劳动等成为其必要的补充。

劳动教育是新时代党的教育方针的重要组成部分。劳动教育既与德育、智育、体育、美育相互联系，又有独特的价值与功能。劳动教育有利于树立优良的品德，培养劳动精神是高校进行德育的重要部分，是培养学生正确的世界观、人生观、价值观的必要途径；劳动教育有利于促进智力的发展，实践是检验真理的唯一标准，各种科学技能的培养都是通过劳动来实现的，因此劳动教育是高校增强智育的重要途径；劳动教育有利于强健体魄，有利于提高学生对事物的审美。劳动最根本的价值在于立德树人。加强劳动教育有独特的功能，有利于培养全社会形成重视劳动、热爱劳动、劳动最光荣、劳动最伟大的价值观念，促进形成爱岗敬业、脚踏实地、一丝不苟、精益求精的劳动精神；促进学生对劳动过程的理解，遵循劳动流程和规则，构建专业的、严密的劳动知识技能框架，熟练掌握劳动工具的操作，培养高端人才。

（二）有助于建设高素质劳动者大军，实现中国梦

2013年4月28日，习近平总书记同全国劳动模范代表座谈并发表重要讲话时指出："劳动是财富的源泉，也是幸福的源泉。人世间的美好梦想，只有通过诚实劳动才能实现；发展中的各种难题，只有通过诚实劳动才能破解；生命里的一切辉煌，只有通过诚实劳动才能铸就。"劳动教育是实现中国梦的强大助推力量。"以劳动托起中国梦"，最根本的要依靠劳动者的诚实劳动、辛勤劳动和创造性劳动。我国已经实现全面建成小康社会。在新时代，我国经济发展的主要特征是由高速增长阶段转向高质量发展阶段。《中国制造2025》行动纲领指出，力争通过"三步走"实现制造强国的战略目标，做强实体经济，建知识型、技能型、创新型劳动者大军。在这种充满生机的背景下，高度重视增强劳动教育是实现所有伟大目标的必经之路，有着更为迫切的现实意义和历史意义。加强劳动教育，有利于培养高素质的劳动者大军，激发人们争做优秀的"能工巧匠"和无私奉献的"大国工匠"，为我国由"中国制造"向"中国创造"进化源源不断地提供人力资源、智力源泉和创新的灵魂。

高校加强劳动教育，一方面，可以促进当代大学生认真学习科学文化知识，形成深厚的知识文化功底，构建清晰、有条理的学术框架；另一方面，有利于大学生树立和坚定理想信念、塑造高尚的人格、培养热爱劳动的情怀，树立崇高的、科学的社会理想，自觉地将个人理想与社会理想有机结合，把倡导对国家、集体的责任感和奉献精神与满足个人的利益愿望、实现个人的价值统一起来，在实现个人理想的同时，主动为建设中国特色社会主义现代化强国贡献自己的一份力量。

（三）有利于强化青年学生思想政治教育，拓宽思想政治教育的路径

劳动教育有利于强化思想政治教育的实践性。劳动教育是实现立德树人目标的基本途径，也是将学生培养成为国家和社会服务贡献的重要向导。2018年7月2日下午，习近平总书记在中南海同团中央新一届领导班子成员集体谈话并发表重要讲话。总书记强调："青年一代有理想、有本领、有担当，国家就有前途、民族就有希望。"劳动教育有利于青年树立坚定的理想信念，有利于青年增强各项本领，有利于培养青年成为有责任、有担当的接班人。

劳动教育有利于提升思想政治教育的针对性。在实际生活中，一些学校在实施对学生思想政治教育的过程中忽略了对学生的劳动教育。这使学生可能长期与劳动实践相脱离，不能正确认识劳动，缺乏劳动观念，养成严重的依赖性，独立生活能力差，动手实践能力低下，缺乏团结协作的积极性，容易形成以自我为中心的狭隘思想，缺乏服务贡献国家和社会的意识。而要解决这些问题，学校必须将加强劳动教育重视起来，从小培养学生的劳动意识和能力，增强学生的劳动意识并激发他们的劳动情感，锤炼学生的劳动意志并培养他们的劳动能力，强化学生的劳动锻炼并落实他们的劳动行为。

（四）有助于增强中华民族热爱劳动的文化意识，传承优秀文化

在五千年的历史长河中，中华民族优秀传统文化中蕴含着勤劳勇敢、自强不息的思想精华，热爱劳动是我们站稳脚跟的根基，也是我们推进新时代的起点。在历史上，人们通过劳动把自然界变成活动的对象，自身的价值也得到体现和升华。凡是在劳动中有突出贡献的人自然而然成为人们倾情歌颂的对象，成为万民敬仰的英雄。对劳动的肯定和推崇以及对劳动人民的认可和褒扬，可以在神话故事、名人典故、诗词歌赋、书法绘画中找到相应的"基因"。劳动观因中华民族优秀传统文化而更加具有历史厚重感，反映民族特色，彰显民族优秀品格。

拓展阅读

弘扬劳模精神 凝聚奋进力量——习近平总书记在全国劳动模范和先进工作者表彰大会上重要讲话引发强烈反响（学习强国）

尊重劳动，尊重劳动者，是事关社会根基的大命题。但在现实生活中，尤其是青年一代，对劳动的意义缺乏基本认识，对劳动者缺乏基本尊重，因此，这个命题具有十分重要的现实意义。用劳动精神培育新时代青年不仅是青年人才综合素质培养的要求，而且是民族复兴的时代要求。2018年9月，习近平总书记在全国教育

大会上强调："要在学生中弘扬劳动精神，教育引导学生崇尚劳动、尊重劳动，懂得劳动最光荣、劳动最崇高、劳动最伟大、劳动最美丽的道理，长大后能够辛勤劳动、诚实劳动、创造性劳动。"这一重要论述明确提出了用劳动精神来培育新时代青年的要求，并为当前社会中存在的青年劳动精神缺失与弱化的问题，以及要传承中华民族热爱劳动的文化指出了解决方向和目标。

三、习近平新时代劳动教育观

习近平总书记曾连续多年发表系列重要讲话，就劳动、中国梦、劳动者、劳模精神等内容进行了深刻阐述。党的十九大报告也提出了一系列与劳动息息相关的重要论断。

（一）新时代的劳动实践观

从马克思的"劳动创造了人本身"到习近平总书记强调的"劳动是人类的本质活动"（摘自2015年4月28日习近平总书记在庆祝"五一"国际劳动节暨表彰全国劳动模范和先进工作者大会上发表的重要讲话），既是对唯物史观劳动价值的继承与发展，又是在新时代中国特色社会主义伟大事业中对劳动的生动诠释。

2016年7月，习近平总书记在宁夏宁东能源化工基地视察时发出"社会主义是干出来的"，充分体现了马克思主义的实践观思想。新时代中国特色社会主义劳动观夯实了全民族"实干兴邦"的劳动实践观，鼓励劳动人民以辛勤劳动、诚实劳动和创造性劳动成就中华民族的伟大梦想。

（二）新时代的劳动发展观

2013年4月28日，习近平来到全国总工会机关，同全国劳动模范代表座谈并发表重要讲话时指出："劳动是推动人类社会进步的根本力量"，进一步强调了劳动创造的历史价值和重要意义，丰富和完善了马克思主义劳动观。从马克思认为的"劳动是任何一个民族存在和发展的基础"到2013年4月28日，习近平在同全国劳模代表座谈时说："劳动开创未来"，揭示了劳动与社会发展的本质联系。实现中华民族伟大复兴是中国未来的发展方向，劳动则是实现社会发展走向民族复兴的根本路径。劳动是通向未来的必经之路，只有脚踏实地的劳动，才能描绘出更加绚丽的美好未来。

（三）新时代的劳动价值观

习近平总书记在多次讲话中阐述了劳动态度、劳动模范和劳模精神等在中国特色社会主义事业中的重要作用，他号召全社会应始终弘扬劳动精神、劳模精神和工匠精神，为党和国家事业发展汇聚强大的动力，为实现中国梦提供了"崇尚劳动"的价值引领。从国家维度，要始终弘扬劳动精神，为实现中华民族伟大复兴的中国梦注入强大的精神动力。从社会维度，弘扬劳动精神有利于在全社会营造崇尚劳动的浓厚氛围和敬业风气，为中国特色社会主义事业汇聚起精神能量。从个人维度，榜样的力量是无穷的，劳动精神可以感染并引领广大劳动者勤奋做事、勤勉做人、勤劳致富，培育和践行社会主义核心价值观。

第四节　劳动教育的回归

"劳动最光荣"以朴素的奋斗观为中国人民同心创造美好生活注入精神动力。劳动是创造幸福的源泉，也是让人们收获成就感、自豪感、增强自信心的有效方式。我们要善于劳动、勇于实践，积极培育出知识型、技能型、创新型的新时代劳动者，更要将那些在平凡岗位上默默奉献的奋斗者，那些执着于科技创新、保家卫国、文化创造、救死扶伤的劳动模范推选出来，以榜样的力量激励人们依靠劳动和创造去播种世界和平与发展的希望，依靠劳动的纽带收获与世界各国人民的伟大友谊，并通过更多创造性、科技性、文化性的劳动提升国之竞争力，真正让"劳动最光荣"的价值主张和艰苦奋斗的实干历程展现出中华民族的奋进力量！

一、劳动教育清晰化

新时代劳动教育应有的样子

新时代波澜壮阔的伟大社会实践为劳动教育提供了丰富背景和物质基础，我们必须让社会进步的成果与劳动教育紧密结合，才能让劳动教育有新意、有用途、有动能。

劳动教育与美好生活。美好的生活要靠劳动创造，劳动的指向是"怎么创造"的能力和"自己创造"的意识。

二、劳动教育重点化

2018年9月，习近平总书记在全国教育大会上指出，学校要努力构建德智体美劳全面培养人的教育体系，劳动教育再次作为显性的教育内容与德、智、体、美并列。劳动教育的重新回归，凸显了劳动及劳动教育对人的全面发展的重要意义。

新时代学生劳动教育的意义

马克思早就提出："未来教育对所有已满一定年龄的儿童来说，就是生产劳动同智育和体育相结合，它不仅是提高社会生产的一种方法，而且是造就全面发展的人的唯一方法。"随着时代的发展和科技、生产力的进步，劳动教育被赋予了新的含义，即让学生动手实践、出力流汗、接受锻炼、磨炼意志，培养学生正确的劳动价值观和良好的劳动品质。显然，新时代劳动教育更加注重学生劳动精神、劳动情感、劳动目的的培养。劳动教育作为"五育"中的重要组成部分，对于培养学生成为全面发展的人具有极其重要的意义。

1. 劳动教育有利于学生理想人格的发展

教育应注重对人理想人格的培养，新时代应培养学生成为集正义感、责任感、自尊感于一体的德智体美劳全面发展的时代新人。学生理想人格的实现与社会发展是同步的，学校教育是学生理想人格发展的主要途径。高尔基说："热爱劳动吧，没有一种力量能像劳动，即集体、友爱、自由的劳动的力量那样使人成为伟大和聪明的人。"在

劳动教育的过程中，学生互帮互助互学，在与他人的合作竞争中学会自我反思，注重"见贤思齐"，富有虚怀若谷的胸襟和精益求精的精神。学生通过个人的努力完成一件件有意义的事情，直观地看到自己的劳动成果，就会认识到自己的价值。学生在参加社会服务劳动的过程中，看到因为自己的力量让别人更加快乐和幸福，会逐渐发现劳动的美，成为乐于奉献的人，会有意识地把集体利益放在个人利益之前，将个人的命运与祖国的命运统一起来。

2. 劳动教育有利于学生体魄的健壮

在劳动过程中，人们在生产出产品的同时，身体也随之得到了锻炼。卢梭也在《爱弥儿》中说道："身体只有强健有力，才能听从精神的支配。"可见健壮体魄的重要性。高校要开展劳动教育，增强学生的体魄，让学生认识到良好的身体素质和精神风貌是未来发展的基本保障。

三、劳动教育切实化

2020年3月20日，中共中央、国务院印发《关于全面加强新时代大中小学劳动教育的意见》（以下简称《意见》）。《意见》要求，把劳动教育纳入人才培养全过程，根据学生的特点，采取适当的方法，引导学生树立正确的劳动观，培养担当民族复兴大任的时代新人。

（一）新时代赋予学校劳动教育新内涵

1. 新时代劳动教育更加凸显时代价值

劳动是人类特有的基本的社会实践活动，劳动创造了人类和人类社会。苏联教育家马卡连柯曾指出，劳动永远是人类生活的基础，是人类创造幸福的基础。新时代，人的体力和脑力等原始劳动被人工智能取代，劳动显得比以往更重要，更凸显给人所带来的激励和促进作用。现在，劳动教育被赋予了新的时代内涵和时代价值，大学要突出人才培养的历史使命，要更加重视劳动教育，认识劳动创造的价值，把劳动教育的时代要求、时代价值更好地体现到人才培养中，教育引导学生深刻认识通过自己的双手创造生活、改变生活，进而获得物质收获、精神满足和社会价值。

2. 新时代劳动教育更加凸显学生全面发展

一个全面发展的人，是智力和体力劳动相结合且得到充分发展的人，既要有丰富的科学文化知识，又要有多方面的志趣，才能适应社会的发展需要，才能实现作为人的目的和价值。劳动教育正是将教育与劳动结合起来，使教育和劳动相互影响、相互渗透、相互促进，不断提高社会生产力，不断促进人的发展。

（二）新时代学校劳动教育实践

劳动是人类最基本的实践活动，劳动教育是社会主义教育的组成部分，教育与生产劳动相结合是社会主义的一项基本原则。基于此，山东省临沂市平邑县金银花实验学校主张向学生进行劳动教育是培养学生热爱劳动，使其在德、智、体、美、劳诸方面全面发展，成为有理想、有道德、有文化、有纪律的社会主义公民和建设人才的重要途径。所以金银花实验学校从培养学生劳动能力出发，明确教育重点与要点，结合

当前教育发展形势，解决教育中的问题。教师也要及时更新教育理念，掌握学生劳动能力情况，制订适合的教育计划，确保教育的顺利开展。

拓展阅读

让大学生上好劳动教育这门必修课（学习强国）

思考与练习

1. 什么是劳动？什么是劳动教育？

2. 马克思主义对于劳动的论述包括哪几个方面？

3. 新时代学生劳动教育的意义有哪几个方面？

4. "空谈误国，实干兴邦。"实现中国梦，创造全体人民更加美好的生活，任重而道远，需要我们每一个人继续付出辛勤劳动和艰苦努力。

（1）"空谈误国，实干兴邦"，这启示我们实现中国梦要发扬什么精神？

（2）在今后的学习、生活中，学生应该如何落实这种精神？

5. "伟大出自平凡，平凡造就伟大"，很多时候，给我们最深感动的，正是那些最平凡的劳动者，请你举出几个现实生活中的例子进行说明。

第二章

劳动·创造

> 我们世界上最美好的东西，都是由劳动、由人的聪明的手创造出来的。
>
> ——高尔基

核心问题

1. 劳动创造了哪些不同形态的文明？
2. 在不同文明形态下，劳动创造了哪些文明成就？
3. 在劳动创造文明的历史进程中，不同形态的文明之间具有什么联系？

第二章 劳动·创造

在人类社会演进的过程中，劳动作为推动社会进步的根本力量，使人类社会从原始社会走向农业社会、工业社会、信息社会和智能社会，并在不同社会具有不同特征的劳动活动及其创造。不同阶段的不同劳动创造各有特点。在原始社会，人们依靠狩猎、采集和打鱼等方式获得食物，并在生存的过程中逐步发展了一些简单的手工艺品制作技术。在农业社会，农民通过耕种、牧养、渔猎等方式获得食物，并发明了一些农业工具和农业生产技术。在工业社会，机器替代了手工劳动，大规模的工业化生产成为主流，人们创造了汽车、电视、电话等众多的科技产品。在信息社会，劳动的重点转向了知识经济和服务行业领域，人们研制了互联网等现代通信技术，发展了电子商务、金融、医疗和教育等新兴产业。在智能社会，人工智能、机器人等高科技领域成为劳动的新方向，人们创造了自动驾驶汽车、无人机、智能家居等新型智能设备。总之，在不同的历史时期，人类通过不断劳动创造，推动着社会的进步和发展。

第一节　农业社会中的劳动创造

农业社会的经济以农业为主。农业社会的农业是指原始农牧业，它以人力、畜力为动力，以简单的手工农具为设备。在农业社会，生产技术发展缓慢，科学尚处于孕育期，科学对技术的促进作用尚未显现。

农业是人类社会最早从事的经济活动。中国是世界上农业出现和发展最早的地区之一，诞生了麦作农业和稻作农业。几千年来，农业生产和生活日臻成熟，成为华夏先民最重要的生产与生活方式；以农为本和以农立国已升华为执政理念，成为千年以来恪守的基本原则；建立在农耕生活基础上的中华优秀传统文化的繁荣发展，奠定了中华民族文化自信的坚实基础。

基于单一而独特的农业发展的中华优秀传统文化高度发达，成为中华文明同世界其他文明相区别的重要标志。其中，文字的发明、兴修水利和陶瓷制品是农业社会中劳动创造的代表。

一、文字的发明

人类的语言经过许多年进化后，才出现了记录它的文字，文字出现的时间最多不超过6000年。科学界一般将文字的出现作为界定文明的重要标志，通常把文字出现前的历史称为史前史，文字出现后的历史称为人类文明史。国际上认可度较高的世界四大文明古国分别是古巴比伦（位于西亚）、古埃及（位于北非）、古印度（包括今印度、巴基斯坦等国，位于南亚）和中国。中国的甲骨文、古埃及的象形文字、古巴比伦的楔形文字和美洲印第安人的玛雅文字号称世界四大古文字，一直为后世称颂。

图 2-1　中国的甲骨文　　　　　　　　　图 2-2　古埃及的象形文字

图 2-3　古巴比伦的楔形文字　　　　　　图 2-4　印第安人的玛雅文字

　　文字是人类走向文明的重要标志，有了文字，文明才得以记录、传承和发展。文字的出现和使用，超越了时间和空间的局限，让更大区域内的人群实现了信息的共享、优化与传承，大大加速了人类文明的进程。

　　有了文字，人类就能更好地掌握节气变化的规律，依照农时安排农业生产，这必然带来产量剧增的农业效率革命。农业效率革命是测定历法的天文学革命、疏通河渠的水利革命、传承经验的信息革命共同作用的结果。在现有的人类文字当中，汉语的信息密度是最大的。

　　汉语的信息密度与产生汉字的社会环境是分不开的。人口密度、技术密度与社会协作密度共同成就了汉语的信息密度。为什么游牧民族难以产生原生的文字？因为地广人稀、低技术条件、低协作程度的社会没有那么多的信息需求，简单的语音基本上已能满足其生产生活的全部需求。打开字典，看看有多少以"王""车""马"为部首的汉字，这些汉字大多产生于先秦时期。以"王"为部首的汉字对应的是玉石文化的技术体系，以"车""马"为部首的汉字对应的是机械制造与养殖驯化技术体系，从先秦车马各部件的命名方式与标准化程度，不难看出当时的社会化协作水平。

图 2-5　汉字的演变

　　汉字，有字义之美、字容之美、艺术之美，书写汉字产生了世界一流的艺术家，它生发了篆刻、书法等独特的东方艺术。在当代，它又以多种创新性方式进入了计算机，从而被赋予了新的生命力，解决了现代化信息处理的问题，迎接了高科技的挑战，使汉语信息和东方文明顺利地传播到全世界。

图 2-6　汉字之美

　　中国是世界古代四大文明中唯一发展至今从未中断的国家，其中一个重要原因，就是我们拥有目前世界上唯一仍被广泛使用的表意文字体系——汉字。汉字是世界上最厚重的文字，从五千年历史长河的源头走来，反映了中国人自古以来的生存环境、社会环境、物质生活、精神生活和情感生活，生生不息，是中华民族凝聚力和生命力的伟大源泉。

拓展阅读

触摸汉字的温度

你是否想过，汉字也是有温度的？怎样才能触摸汉字的温度？教育部语言文字应用研究所研究员张一清说："探索字源，你将感受到汉字的温度。"

张一清曾给汉字大赛的选手们出过这样一个题目："涕泗滂沱"这个成语中，哪个字表示眼泪，哪个字表示鼻涕？选手们的回答不尽相同。张一清讲解了"涕"和"泗"的字源后，大家才明白，原来"涕"指的是眼泪，"泗"指的是鼻涕。

拥有几千年历史的汉字，几乎每个字都有独特的字源，都有一段神奇、有趣的故事。挖掘字的根源，了解字的内涵，被一段段故事吸引着或愉快、或悲伤、或自省、或奋发……浸润其中，自然就能感受到每个字的温度。

1. 探究汉字历史

关于汉字的神话传说，流传最广的就是"仓颉造字"。在历史记载中，确实有仓颉这个人，他是黄帝的史官，有掌管历史、文化、文献的职能，和文字关系非常密切。《淮南子·本经训》中说："昔仓颉作书，而天雨粟，鬼夜哭。"意思是仓颉造字这件事感动了天地，天降粮食雨，鬼在晚上哭。这听起来好像有点儿吓人，但其实是已逝的祖先在褒奖人们发明了汉字，因为他们觉得汉字能让自己不被遗忘，所以晚上喜极而泣。时至今日，在陕西民间，还有在二十四节气谷雨这一天祭祀仓颉的习俗。张一清解释说："人们认为，仓颉创造了文字，就是给中华文明带来了火种。这个传说也赋予了中华文化非常丰富的想象力。"

传说毕竟只是传说。发现存在于三千多年前殷商时期的甲骨文，让我们找到了汉字起源的"证据"。甲骨文是动物骨骼上成系统的文字符号，又称"契文""甲骨卜辞""殷墟文字"或"龟甲兽骨文"，是迄今中国发现的年代最早的成熟文字系统，被认为是汉字的源头。这些神秘的甲骨文到底记录了什么呢？目前我们发现了大约4500个甲骨符号，能翻译、理解的有1500多个。从这1500多个符号中，我们能窥探到那个时期人们的生活状态，有哪些习俗、传统、历史事件等。张一清多年来深耕汉字探源，他说："未来，一旦能破译更多甲骨文，我们对中华文明的感知和认识会更加清晰。可以说，正是有了文字，让中华文明有了记载；通过文字，我们可以一代一代传承厚重的中华文明。"

2. 发现中华文明根脉

现在，我们对汉字早已习以为常，说话、写字，信手拈来。但是如果追溯每一个字的字源，会发现汉字的精妙令人惊叹。比如"才"这个字，最初描画的是草木萌发幼芽的状态。《说文解字注》中这样解释"才"："草木之初而枝叶毕寓焉，生人之初而万善毕具焉，故人之能曰才，言人之所蕴也。"这表明，参天大树来自小小的种子，看似柔弱的幼芽蕴含着舒枝展叶、茁壮成长的万种可能。初生的婴儿尽管如嫩芽一样柔弱，但也蕴藏着获得各种才能的可能。因此，"才"指人的能力，也就是与生俱来的天赋。

再看"禾"这个字。在甲骨文中，它描画的是一种称为"粟"的谷物形状，包括根、茎、叶和上面十分突出的弯弯的穗。

许慎在《说文解字》中对"禾"的解释是"嘉谷也"，也就是"好谷子"。古代文献中有这样的表述："禾穗垂而向根，君子不忘本也。"可见，古人认为谷穗下垂是因为它要向自己的根部致意，充分表现了它不忘本的特质。

张一清年少时就对汉字充满兴趣，喜欢探究、钻研。在他看来，汉字并不是枯燥的、冷冰冰的方块字，每一个汉字都是有温度的，因为古人为汉字赋予了丰富的情感和含义。之所以称汉字为"中华文明的根脉"，就是因为汉字记录了历史的发展，蕴含着丰富的中华文化。

3. 传承汉字智慧

现在，中华文化中饱含的智慧，吸引着越来越多的外国人学汉语、写汉字，他们期待感悟中华文明的独特魅力，从中华文化中寻找解决各种问题的办法。

在老子的《道德经》中有这样一句话："江海之所以能为百谷王者，以其善下之。"意思是说，涓涓细流，百川归海，是因为海放低了姿态。我们与人相处也是一样，虚怀若谷，才能迎来百鸟朝凤。这就是中华文化的智慧之一。

在汉字中，也有一个字具有这样的含义，那就是"称"。在《尚书·周书·牧誓》中说："称尔戈，比尔干，立尔矛，予其誓。"这里"称"就是"举起"的意思。我们常说要"称呼"别人，意思就是抬高别人、尊重别人。

"古人将汉字与文化联结得如此紧密，我们只要留心，随处都能找到其踪影。"张一清是统编语文教材主要编写专家，担任多个汉字文化节目的嘉宾，也经常到校园里与孩子们交流关于汉字的问题。说到怎样在日常生活中学汉字，张一清推荐，在现如今快节奏的生活中，多问几个"为什么"，从字源寻找文化传承的线索，是触摸汉字温度、感受汉字魅力的一种方式。比如，你的名字、所住街巷的名字都有什么含义？"碗"和"碟"、"椅"和"凳"这些表示各种日用品的字有哪些有趣的故事……慢慢地，你会发现，每个汉字都有鲜活的生命力！触摸到它们的温度，相信你会忍不住爱上它们！

来源：《光明少年》杂志（有删减）

二、兴修水利

传统中国以农业立国，水利是农业发展的命脉，古语有云："水利兴则天下定，天下定则人心稳，人心稳则国运昌。"

兴修水利，是中国古代农业社会的重要传统和支持体系。农业对水资源的依赖最为紧密，中国人喜欢用"水土"二字来指代环境和自然，它们也反映出农业与水利的重要关系。《管子》中说："夫民之所生，衣与食也；食之所生，水与土也。"可见，"水"与"土"是农业生产最基本的生产资料，二者缺一不可。

几千年来，勤劳勇敢的中国劳动人民，修建了无数水利工程，涉及生活用水、农田灌溉、防洪排涝、漕运航运等诸多领域，体现了高超的设计水平，有力地促进了农业发展。

(一) 安丰塘

安丰塘（古名芍陂），位于今安徽省淮南市寿县境内，始建于春秋楚庄王时期（公元前 613—前 591 年），为楚令尹孙叔敖依当地独特地形所建，距今约 2600 年，是我国水利史上最早的大型陂塘灌溉工程，被誉为"世界塘中之冠"。

图 2-7　安丰塘

安丰塘，塘堤周长 25 千米，面积 34 平方千米，蓄水量 1 亿立方米，放水涵闸 19 座，灌溉面积 93 万亩，与漳河渠、都江堰和郑国渠并称为我国古代著名的四大水利工程，被誉为"神州第一塘"。安丰塘在灌溉、航运、屯田济军等方面起过重要作用，也为后世大型陂塘水利工程的建设提供了宝贵的经验。

(二) 都江堰

都江堰位于四川都江堰市西北，坐落在成都平原西部的岷江上，是秦国蜀郡郡守李冰于秦昭襄王五十一年（公元前 256 年）开始修建的一座大型水利工程，是我国现存的最古老而且依旧在灌溉田地、造福百姓的伟大水利工程。都江堰工程主要是由宝瓶口引流工程、鱼嘴分流堤、飞沙堰溢洪道三大工程组成的，具有灌溉、防洪、放水等多种功能。它充分利用当地西北高、东南低的地理条件，根据江河出山口处特殊的地形、水脉、水势，乘势利导，无坝引水，自流灌溉，保证了防洪、灌溉、水运和社会用水综合效益的充分发挥。它以不破坏自然环境为前提，变害为利，使人、地、水三者和谐统一，沿用至今，蔚为奇观。它被誉为"世界水利文化的鼻祖"，是我国科技

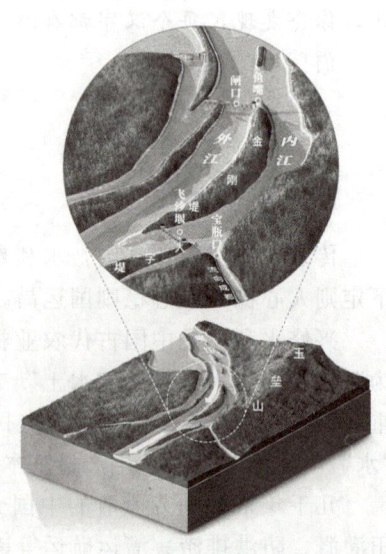

图 2-8　都江堰工程示意图

30

史上的一座丰碑，是中国古代劳动人民智慧的结晶，开创了中国古代水利史上的新纪元。

古代的成都平原，水旱灾害十分严重，人民深受其苦。岷江是长江上游的一大支流，出岷山山脉，经成都平原西侧向南流去，对成都平原来说是地上悬河，每遇岷江洪水泛滥，成都平原汪洋一片；一遇旱灾，则赤地千里，颗粒无收。因此，秦昭襄王委任知天文、识地理的李冰为蜀郡守，根治岷江水患，发展川西农业，造福成都平原。李冰带人访察水脉，因地制宜，因势利导，历经几年艰苦卓绝的努力，基本完成都江堰的排灌水利工程，于是成都平原"沃野千里，号为'陆海'"（《华阳国志》），从此"水旱从人，不知饥馑"。

（三）灵渠

灵渠位于广西壮族自治区桂林兴安县，古称"秦凿渠""陡河""兴安运河"等，是世界上最早的人工越脊运河。所谓"越脊运河"，就是要越过山脊，过分水岭行船。秦始皇统一中国后，欲向南拓展疆域，但陆路崎险，无法跨越，水路也不通，出于开疆拓土和运输粮草物资的需要，遂下令开凿灵渠。公元前219年，通过精密测算，史禄在桂北的兴安县开凿灵渠，并于公元前214年顺利凿成。

全长30多千米的灵渠，"通三江、贯五岭"，连接起湘江和漓江，沟通了长江和珠江两大水系，构成了遍布华东、华南的水运网络。灵渠创造了世界上最早的运河、最早的船闸、最坚固的滚水坝、最早的屯田文化等多项世界之最，工程设计科学，匠心独具，被誉为"世界古代水利建筑明珠"，"与长城南北相呼应，同为世界之奇观"。它加强了南北政治、经济、文化交流和民族交融，为巩固国家统一做出了重要贡献。

2-9 灵渠部分图

（四）京杭大运河

举世闻名的京杭大运河，又称"大运河""南北大运河"，南起杭州，北到北京，贯通海河、黄河、淮河、长江、钱塘江五大水系，是中国仅次于长江的第二条"黄金水道"，价值堪比长城。它始掘于春秋时期（公元前486年），建成于隋朝，繁荣于唐

宋，取直于元代，疏通于明清。前后共经历三次较大规模的兴修，最后一次兴修完成后被称作"京杭大运河"，是世界上开凿最早、里程最长、工程最大的古代运河。其长度为苏伊士运河（190千米）的9倍，巴拿马运河（81.3千米）的22倍，是几千年来中国劳动人民开河凿渠、治水、漕运智慧的结晶。

图 2-10　京杭大运河部分图

京杭大运河由人工河道和部分河流、湖泊共同组成，全程可分为七段：通惠河、北运河、南运河、鲁运河、中运河、里运河、江南运河。《宋史·河渠志》评价其有"半天下之财赋，并山泽之百货，悉由此路而进"的巨大作用。京杭大运河不仅显示了中国古代水运工程技术的卓越成就，而且留下了丰富的历史文化遗存。如今，大运河又成为"南水北调"的主要通道之一，在新的时代将继续发挥着它的作用。

（五）坎儿井

坎儿井，又称"井渠"，是我国的新疆维吾尔自治区吐鲁番地区的特殊灌溉系统，是古代吐鲁番各族劳动人民根据盆地地理条件、太阳辐射和大气环流的特点，经过长期生产实践创造出来的。它是利用吐鲁番盆地地面坡度，将春夏季节渗入地下的大量雨水、冰川及积雪融水通过利用山体的自然坡度，引出地表进行灌溉，以满足沙漠地区生产生活用水需求的、一种独具特色的地下水利工程。不同地区的坎儿井，在具体构造上均有不同的地域特点，一般而言，一个完整的坎儿井系统包括：竖井、暗渠（地下渠道）、明渠（地面渠道）和错现（小型蓄水池）四个主要组成部分。总数达1100多条，全长约5000千米。坎儿井，源于独特的绿洲文化，昭示了人与自然的和谐共生，体现了当地不同文化族群的认同建立和交流融合过程，是吐鲁番各族劳动人民与大自然作斗争，开发大西北，利用自然、改造自然的伟大创举和见证，是劳动人民集体智慧的结晶。坎儿井发展到今天已经有两千多年的历史了，与万里长城、京杭大运河并称为我国古代的三大工程。

拓展阅读

丝路崛起：坎儿井（学习强国）

图 2-11 坎儿井高空俯瞰图

图 2-12 坎儿井沙盘模型

三、从陶到瓷

中国，在长达千年的时间里被称为"瓷国"，是人类瓷文化的发源地。中国瓷器是中国古代劳动人民的一项伟大发明，是人类物质文化中影响力最大的产品之一，其生产和使用曾在世界上存在了2000多年。

"陶瓷"实际上是陶器和瓷器两种器类的合称，瓷器由陶器脱胎而来。胎体没有致密烧结的黏土和瓷石制品，统称为陶器；其中把烧造温度较高、烧结程度较好的那一部分称为"硬陶"；把施釉的一部分称为"釉陶"；而经高温烧成、胎体烧结程度较为致密、釉色品质优良的黏土或瓷石制品称为"瓷器"。

拓展阅读

念念有瓷 | 陶瓷陶瓷，其实是陶和瓷
（学习强国）

中国传统陶瓷的发展，经历过一个相当漫长的历史时期，种类繁杂，工艺特殊。中国瓷器经历了由陶器到瓷器、由青瓷到白瓷、再从白瓷到彩瓷的发展历程，构成了中国瓷器绵延不断、持续进步的发展历程，明清时期达到顶峰。16至18世纪，通过中欧海上贸易，中国瓷器大量进入欧洲，改变了欧洲人的某些生活习惯，同时影响了欧洲人的艺术和审美取向，更重要的是刺激了欧洲制瓷产业的形成和发展。18世纪中后期，英国以工业革命为契机，引领瓷器制造业走上了工业化生产的道路。

（一）仰韶文化时期

我们的祖先早在一万多年前就发明了陶器。距今5000—7000年的仰韶文化时期，彩陶的制作已经非常繁荣。年代稍晚一些的马家窑文化，陶瓷表面光滑匀称，以黑色单彩加以装饰，陶器在满足最基本的用途之外，开始展现人们对美的追求。在西安半坡史前遗址出土了大量制作精美的彩陶，令人叹为观止。它们不仅是日用餐饮器皿，而且是祭祀礼仪所用之物。

图 2-13 彩陶

（二）商周时期

早在商代，我国已烧成原始瓷器。从陶器到商代晚期原始瓷器的出现，经历了 3000 至 5000 年的时间。

瓷器以三氧化二铝含量较高的瓷土或质量更好的高岭土为胎，经过 1200℃ 以上高温烧制，并且要上釉，正是因为釉的产生，完成了由陶向瓷的蜕变。传说中国古代的工匠们在一次露天烧陶过程中，忽然飘进了一片落叶，在陶器表面形成了斑斑点点的晶亮的釉滴。这一偶然现象，让古人发现了草木灰的神奇。古人以草木灰为主要原料，配以适量黏土做成釉，涂刷在陶器表面，然后入火焙烧后的器物，表面有光泽，滑润美丽，不易渗水，呈现出有别于陶器的一种特殊的美。商周时期瓷器的质量，尚不能尽如人意，只能称之为原始瓷。又因为它们的釉是用石灰石和黏土配制的，以黏土所含铁质为呈色剂，在不同的窑氛和温度中呈现出青黄、灰绿等颜色，陶瓷史上统称为青釉，所以原始瓷器又可以称作原始青瓷。

图 2-14 原始青瓷碗

（三）汉至魏晋时期

汉代，原始青瓷已向早期青瓷过渡。"瓷"字最早见于西汉邹阳的《酒赋》，表明此时已经有了瓷器的概念。浙江上虞小仙坛东汉晚期窑址出土了瓷片，通过化验，当年瓷胎的烧成温度为 1300 ℃以上。成熟的青瓷一经问世，就以其坚固耐用、古朴典雅的风韵得到人们的喜爱。考古工作者曾在浙江的上虞、宁波等地发现东汉青瓷窑址。这些青瓷色泽纯正，润泽碧绿，纹路缤纷，纹饰的原型或来自天上，或来自水中，无不洋溢着生机勃勃的自然美。中国传统瓷绘艺术正是从青瓷起步的，智慧的古代劳动人民早已把青色嵌入了人类的精神世界。

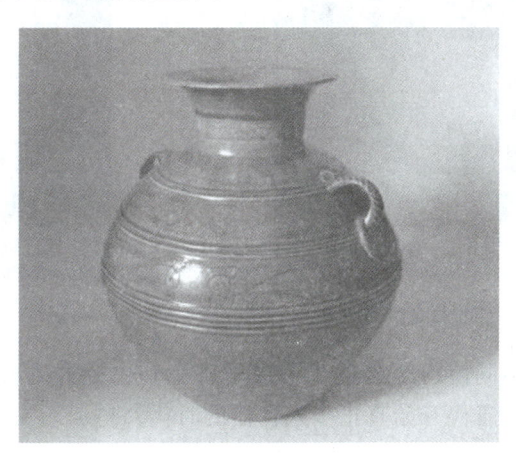

图 2 - 15　东汉青瓷壶

北方瓷业还有一个重要成就，就是率先烧制出白瓷。白瓷的出现是中国瓷器发展史上的重要事件，它不仅引领了后世瓷业的发展方向，而且是彩绘瓷器的基础。目前发现的最早的白瓷器出土于河南安阳北齐武平六年（575 年）范粹墓。这些白瓷器虽然与现代白瓷的品质相去甚远，白色呈乳浊泛青，但其意义深远。

图 2 - 16　北齐白瓷

（四）隋唐至五代时期

以越窑为首的南方青瓷引领了中国瓷业几百年，到唐代形成了一个新的格局，陶瓷学界称为"南青北白"，即南方继续大量出产青瓷，越窑的秘色瓷成为南方青瓷的领军品牌；北方则开始大量烧制白瓷产品，邢窑成为代表性的窑场。白瓷开始挑战青瓷的传统地位。

图2-17 越窑的秘色瓷莲花碗

图2-18 邢窑白瓷

南北瓷器风格的不同使得全国逐步形成了青瓷和白瓷并驾齐驱的格局，一白一青遥相呼应，可以说，从唐代开始真正步入瓷器的时代。

（五）两宋时期

宋代是我国瓷业发展史上的一个繁荣期。目前，在全国范围已发现宋代瓷器窑址遍及130多个县市，可以用"遍地开花，区域特色"来形容。根据产品特点，大致可以分为以白瓷为特色的定窑系，以青瓷为特色的耀州窑系、龙泉窑系，以白底黑花为特色的磁州窑系，以"窑变釉"为特色的钧窑系，以青白瓷为特色的景德镇窑系等，每个窑系都有自己的核心窑场，各具特色，其中官、哥、汝、定、钧习惯上被称作五大名窑。

图2-19 定窑系

图2-20 耀州窑系

图 2-21 龙泉窑系

图 2-22 磁州窑系

图 2-23 钧窑系

图 2-24 景德镇窑系

宋代瓷业前所未有地壮大，开创了陶瓷美学新境界，瓷器重釉色之质感、沉静素雅，如芙蓉出水，给人一种宁静、含蓄、圆融的理性之美，充分体现了中国古代劳动人民的精神追求与审美取向。

（六）元朝时期

元朝统治中国仅持续了 90 多年，在瓷器生产上，一方面延续前代的生产和销售，如磁州窑、龙泉窑、钧窑和德化窑等；另一方面逐步形成以政府及区域需求为特色的生产方式。例如，政府在景德镇设置浮梁瓷局，专门烧制官府用瓷，促进了景德镇瓷业迅猛发展，出现了高温枢府釉、釉下青花、釉里红、蓝釉和红釉等创新品种，使瓷器烧造更加精致、细腻与繁复。全国烧制精品瓷器的窑场数量越来越少，大部分窑场生产民用粗瓷，形成精与繁、粗与简各持的两极分化局面。

图 2-25 釉下青花　　　　　图 2-26 釉里红

图 2-27 孔雀蓝釉　　　　　图 2-28 红釉

为满足人们对瓷器色彩的进一步追求，我国在元代烧制出传世的青花瓷器。青花是釉下彩绘瓷器，用含钴的色料在瓷胎上绘出花纹，再上透明的白釉，成品为白底蓝花。元代于烧青花器的同时，又烧成了以氧化铜为呈色剂的釉下彩釉里红，它是元代景德镇窑的重要创造。将青花和釉里红结合在一起就成为斗彩，也叫"逗彩"，按照景德镇方言，"逗"是凑在一起的意思。这种技术完成于明成化时，为以后彩瓷的发展开拓了道路。

（七）明清时期

明代景德镇以丰富的自然资源、良好的交通条件、娴熟的制瓷技艺，在国内外市场需要的刺激下，成为全国的制瓷中心。景德镇除继续生产高温青花、釉里红、单色釉瓷器外，还创烧了青花五彩、斗彩等品种。精美的洪武釉里红、永宣青花、成化斗彩和嘉靖万历五彩器，成为流传千古的绝品。

图 2-29 永宣青花

图 2-30 斗彩

图 2-31 嘉靖万历五彩器

明代晚期，景德镇御窑厂处于停烧状态，但民窑蓬勃发展起来。青花瓷器绘制奔放，多反映市井和文人生活，构图简洁，充满了质朴的艺术风格，成就了晚明特色瓷器。

图 2-32 晚明民窑

清朝前中期，特别是康雍乾三朝，社会经济繁荣。中国瓷器的生产在这个时期达

到了历史最高峰。康熙皇帝在位61年，他发展创烧了瓷胎画珐琅，这对粉彩瓷器的创造有直接影响。康熙朝青花瓷生产量大质精，胎白质坚，色泽鲜艳，装饰题材丰富，以山水、人物故事纹为主，纹饰描绘层次分明，有"青花五彩"之美誉；雍正朝制瓷精益求精，并派唐英为督窑官，生产出许多精美瓷器和仿古瓷等，粉彩瓷器成为当时彩瓷的主流产品，造型多样，器型端庄典雅，纹饰丰富，常见山水、人物、花草、花鸟、虫蝶等，"施彩柔丽，清新淡雅"。

图 2-33 康熙发明的瓷胎画珐琅

图 2-34 雍正仿古瓷

图 2-35 粉彩

乾隆皇帝对瓷器的喜爱十分狂热，景德镇瓷器的生产达到登峰造极的境界，瓷器烧造品种丰富、种类多样、装饰华丽、纹饰繁缛，令人赞叹！除继续生产青花瓷外，粉彩、斗彩、珐琅彩更加精益求精。仿古瓷无论在造型还是釉质上均达到最高水平。还仿烧了各种手工艺品及惟妙惟肖的象生瓷等。

康熙、雍正、乾隆时期的制瓷工艺代表了中国制瓷业的最高水平。

第二章　劳动·创造

图 2 - 36　乾隆时期蓝釉金银彩

图 2 - 37　乾隆时期景德镇窑绿地粉彩

图 2 - 38　乾隆景德镇广彩

拓展阅读

陶瓷釉料烧制前后的变化原来这么大（学习强国）

　　自嘉庆朝后，受科学技术发展水平限制和国际环境影响，中国制瓷工艺一度衰落，欧洲后来居上，引领瓷器制造业走上了工业化生产的道路，但由中国首创且独领风骚两千多年的中国瓷器，作为中国古代劳动人民的伟大创造，将永远闪耀于世界瓷坛。

第二节　工业社会中的劳动创造

　　随着工业生产方式的不断发展和技术进步，人类社会经历了从手工劳动到机械化生产，再到自动化生产的演变过程。在这一过程中，劳动创造方式也在不断变化和升级。尤其是在工业社会中，工厂化、集中化、机械化等特点使得劳动分工和专业化越来越突出，对劳动创造方式提出了更高的要求。

　　18 世纪 60 年代到 19 世纪中期的第一次工业革命，是以蒸汽机为动力源，在纺织、矿业、交通等领域推进机械化生产的时期。在这个时期，劳动创造方式取得了许多显著成就：机械化生产使得生产效率大幅提高，从而为人类社会带来了巨大的财富和物质生活条件的改善；工业化的推进也促进了城市化过程，为人们提供了更多的就业机会，并带动了城市经济的发展。

19世纪六七十年代开始的第二次工业革命，以电力和内燃机为动力源，是在广泛的领域进行自动化生产的时期。在这个时期，劳动创造方式也取得了一系列重要成就：传送带的发明和应用使得生产线流水作业成为主要生产方式，使得企业能够更好地控制生产过程，提高生产效率和产品质量；自动化生产技术的应用，如数控加工等，使得生产过程更加精确和高效，也降低了工人的劳动强度和职业危害。

第一次和第二次工业革命中的劳动创造方式取得了许多重要成就，为现代工业化社会的诞生奠定了基础。

一、珍妮纺纱机

英国的传统工业是毛纺织业。直到17世纪末期，棉纺织业才在兰开夏郡首先建立起来。在当时的英国，棉纺织业是一个新兴的工业部门，较少受到封建行会和传统法规的束缚，比较容易采用先进的生产技术。为了同传统工业毛纺织业竞争，同国外输入的棉纺织品竞争，棉纺织业的技术革新格外迫切。

图 2-39 珍妮纺纱机

在珍妮纺纱机发明之前，纺纱是用旧式手摇纺车进行的。手摇纺车只有一个锭子，每次只能纺出一根纱线。直到18世纪初期，这种手摇纺车虽然效率不高，但是还能勉强满足旧式织布机对棉纱的需求。但是，1733年，英国机械工匠约翰·凯伊发明了"飞梭"。装上这种飞梭的织布机，不仅能织出更宽的布匹，而且使织布效率提高了一倍。接着，约翰·凯伊的儿子罗伯特·凯伊又对其加以改进，使之使用起来更为方便。由于织布效率提高，必须有8个至12个纺纱工纺出的纱线，才能够满足一个使用飞梭织布机的织工的需要。

图 2-40 约翰·凯伊发明的"飞梭"

1765年，英国织布工人詹姆斯·哈格里夫斯发明了"珍妮纺纱机"（一种手摇纺纱机），该机器以他的小女儿珍妮命名。珍妮纺纱机使手摇纺车从一人纺1~2个锭子，增为一人可同时纺8~18个锭子，这主要是因为珍妮纺纱机具有一种特殊机构，替代手工控制喂入粗纱。珍妮纺纱机采用锭子牵伸方法，与走锭细纱机不同之处在于它的锭子不走动，而其粗纱的控制机构则往返移动，使纺工的劳动生产率大大提高。

珍妮纺纱机是工业革命的早期成果之一。恩格斯说过："使英国工人的状况发生根本变化的第一个发明是珍妮纺纱机。"珍妮机是真正意义上的机器，使人类直接参与劳动的"手"被解放出来，完成了人类在物质生产领域的一次巨大飞跃，被认为是工业革命开始的标志。

二、蒸汽机车

人类在很早之前就开始寻找解放自己的动力，水力长期扮演着"解放者"的角色，但水力作为自然力容易受到地理、环境和季节的限制。以蒸汽机为代表的机械力的使用，使人类进一步丰富了解放自身的方式，同时在交往方式、劳动方式、产业结构等方面产生了巨大影响。

★ 拓展阅读 ★

瓦特："蒸汽大王"

瓦特（1736—1819）：英国发明家。他对当时已出现的原始蒸汽机做了一系列的重大改进和发明，提高了蒸汽机的热效率和工作的可靠性，使蒸汽机成为工业上可用的发动机，并由此得到广泛的应用。

也许，你曾听说过这样的传说：壶里的水烧开了，蒸汽不断地掀动着壶盖，瓦特看了大受启发，于是便发明了蒸汽机。其实，这个传说并不可靠。因为在瓦特之前，人们已经发明了蒸汽机；瓦特是在别人发明的蒸汽机的基础上加以改进，使蒸汽机臻于完善，能应用于工业生产。另外，瓦特改进蒸汽机也并不容易，而是付出了10多年的艰苦劳动！

图2-41 瓦特

1736年，瓦特出生在英国造船工业中心格拉斯哥附近的小镇格里诺克。瓦特的父亲是一个经验丰富的木匠，他的祖父和叔叔也都是机械工人。由于家里很穷，瓦特没办法到学校里读书，就顽强地自学。在6岁的时候，瓦特就开始自学几何，后来自学物理。到了15岁的时候，他学完了《物理学原理》等书。

瓦特小时候很喜欢自己动手，制造各种机械。他曾制造和修理起重机、唧筒、滑车和一些航海器械。就这样，小瓦特对机械产生了浓厚的兴趣。瓦特17岁的时候，就去当学徒，跟人学习修理机器。19岁的时候，瓦特来到伦敦，在一家钟表店里当学徒。

瓦特心灵手巧。他从修理各种机器中，弄懂了许多机械原理，于是修理的范围越来越广，甚至连经纬仪、方位罗盘、象限仪这些精密仪器也能修理。

瓦特那高超的手艺，引起了格拉斯哥大学教授台克的注意，他聘请瓦特到格拉斯哥大学附属的教学仪器厂当仪器修理工。在那里，瓦特开始接触蒸汽机，这成为他一生事业的重要转折点。

早在瓦特之前，人们就已经在那里制造蒸汽机了。从达·芬奇到牛顿，已有20多个人研究过用蒸汽作动力的机械。1690年，法国的巴本制成了一台蒸汽机。1698年，英国的塞维利制成一台蒸汽泵，能够在矿井中抽水。1705年，苏格兰铁匠纽可门在巴本和塞维利的基础上，制成了一台蒸汽机。从1712年起，这种蒸汽机开始在英国各矿井使用。不过，纽可门发明的蒸汽机，工作效率很低，常常要消耗大量的煤。1764年，瓦特在格拉斯哥大学修理一台纽可门蒸汽机，使他有机会深入了解蒸汽机的构造，对蒸汽机产生了浓厚的兴趣。瓦特看出了纽可门蒸汽机的毛病——蒸汽是在汽缸中冷凝，要花费大量的热量来加热汽缸。

瓦特凭借他丰富的机械知识和灵巧的双手，开始想办法改进纽可门的蒸汽机。那时候，瓦特身体不太好，可是他仍夜以继日地工作，花费了2年多时间，终于制成了一种新型的蒸汽机，工作效率大为提高。接着，瓦特又花费了6年多的时间，对蒸汽机做了两次重大改革。1784年，瓦特终于制成了新式的单动式蒸汽机。这种新蒸汽机比纽可门蒸汽机的耗煤量节省四分之三，而且运转速度大为提高。从此以后，蒸汽机广泛得到应用，成为工农业生产中的动力。

正如恩格斯所指出的："蒸汽机是第一个真正国际性的发明。"恩格斯还指出："自从蒸汽和新的工具机把旧的工场手工业变成大工业以后，在资产阶级领导下造成的生产力，就以前所未闻的速度和前所未闻的规模发展起来了。"

随着蒸汽机的广泛应用，瓦特的大名也随之传遍了欧洲。人们把瓦特誉为"蒸汽大王"。这时，荣誉和金钱像雪花般向瓦特飞来，他从一个穷苦的工人一下子跃为大老板，成为英国皇家学会会员。瓦特迷醉于荣誉、金钱、地位和权力，变得无所作为。他的后半生，在科学技术上没有做出什么贡献。相反，瓦特以权威的身份，去压制别人的发明。1781年，瓦特曾反对推广霍恩布鲁渥发明的"双筒蒸汽机"；18世纪末，他又极力压制特列维蒂克发明的"高压蒸汽机"。

1819年，瓦特逝世，终年83岁。

瓦特的一生说明：在科学的征途上只有不断艰苦地攀登，才会有所发明、有所前进；一旦有了坐享其成的念头，就会停滞不前。

蒸汽机的推广和大规模使用，引起了交通工具的变革。从1770年起，苏格兰、法国和美国的一些发明者就开始不断试验以蒸汽机作为船的动力机，世界第一艘商用轮船是由美国人罗伯特·富尔顿发明的，他后来被世人誉为"轮船之父"。

不仅海上交通工具发生变革，陆路交通工具也随之变化。在蒸汽机出现之前，欧洲就已经有"铁路"，用马拉着车在铁路上奔跑。瓦特改良蒸汽机成功后，人们就开始研究用蒸汽机作为牵引动力机。以机械动力为牵引力的真正意义上的铁路的诞生，引

发了一场世界性的交通运输革命,并且改变了整个世界的产业链。铁路是近代工业文明的产物,铁路的修筑又反过来促进了工业文明的发展。1840年世界铁路营运里程只有0.8万千米,到1870年即达到21万千米,1913年又达到110万千米,欧美各主要工业发达国家先后建成各自的铁路网。1869年,有数万华人参加修建的横贯美国东西的铁路被建成,推动了美国西部大开发。

图 2-42 富尔顿发明的商业蒸汽船

★ 拓展阅读 ★

交通工具动力的变化

最简便的交通工具纯人力驱动,比如建筑工地的手推车,淮海战役时使用的独轮车,上海最早的出租车黄包车,还有大家都很熟悉的自行车。

图 2-43 独轮车

图 2-44 黄包车

用动物去代替人拉车，人就可以解放出来。马车是最常用的畜力车，现在很多场所仍在用马力来表示动力大小。1马力约等于735.5瓦特。牛比马的力气更大，能提供更大的动力。在一些特殊的地方，也会用别的动物拉车，比如狗拉雪橇。

图 2-45 驷马战车　　　　　　　　　图 2-46 狗拉雪橇

蒸汽机的改良使人们进入了机械化时代。通过燃料（通常是煤炭）燃烧，将水加热变成水蒸气，这样气体就膨胀做功，推动活塞运动，带动飞轮转动。最早的火车就是蒸汽机驱动的，汽船也是蒸汽机驱动的。

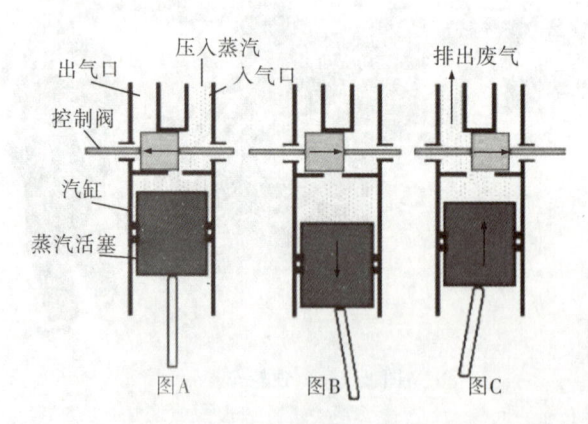

图 2-47 蒸汽机原理

46

图 2-48 蒸汽机车

将燃料燃烧控制在机械内部，能提高机械效率、减少热损失。以柴油机和汽油机为代表的内燃机就是这样的。活塞式内燃机将燃料和空气混合，在其汽缸内燃烧，释放出的热能使汽缸内产生高温高压的燃气。燃气膨胀推动活塞做功，再通过曲柄连杆机构或其他机构将机械功输出，驱动机械工作。将好几个（一般是4个或6个）内燃机并排排列，就形成几缸发动机，为汽车提供动力。

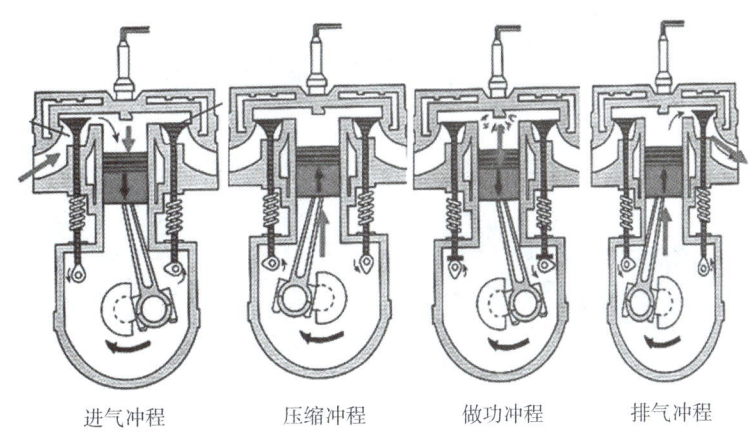

进气冲程　　压缩冲程　　做功冲程　　排气冲程

图 2-49 内燃机原理

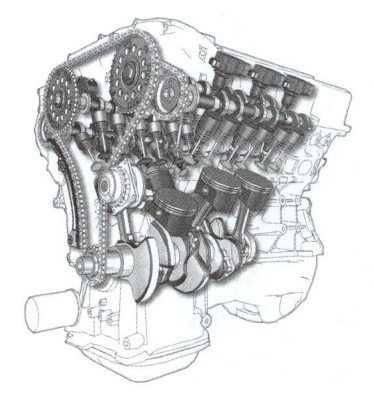

图 2-50 汽车发动机

图 2-51 内燃机车

47

飞机常使用涡轮风扇发动机。涡轮风扇发动机由风扇、低压压气机、高压压气机、燃烧室、驱动压气机的高压涡轮、驱动风扇的低压涡轮和排气系统组成。进入涡扇发动机的空气一部分进行燃烧，提供内能，从喷管加速喷出；另一部分空气直接排出，但驱动了风扇。

图 2-52　涡轮风扇发动机

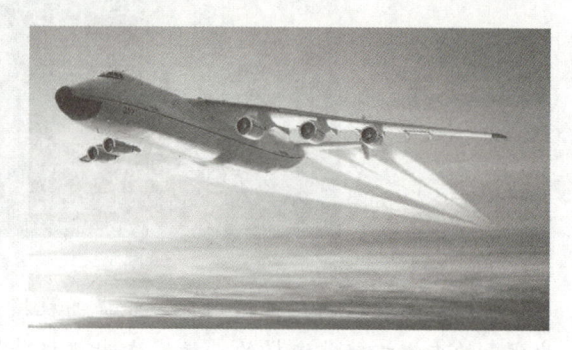

图 2-53　喷气式飞机

直升机用的是涡轮轴发动机。在构造上，涡轮轴发动机也有进气道、压气机、燃烧室和尾喷管等燃气发生器基本构造，但它一般都装有自由涡轮，燃气在其中做功，通过传动轴专门用来带动直升机的旋翼旋转，使它升空飞行。

图 2-54　涡轮轴发动机

图 2-55　直升机

一种叫作无轴泵推的发动机使用在潜艇上，可大幅减少潜艇运行噪声。

图 2-56　无轴泵推

48

第二章　劳动·创造

火箭发动机利用的是反冲原理。动量是守恒的，一个静止的物体在内力的作用下分裂成两个部分，一部分向某个方向运动，另一部分必然向相反的方向运动。火箭常用液体火箭和固体火箭，一部分燃料燃烧喷射而出，则火箭就会朝相反的方向运动。

图 2-57　火箭

进入电气化时代，让电这种最常用的二次能源来驱动交通工具，可从源头上减少移动源的大气污染，降低噪声，启关方便。随着电池技术的发展，质量轻、容量大、内阻低、电能密度大、可多次充放电、充电快、使用寿命长的电池诞生，为电动汽车的发展提供了可靠的技术支持。

图 2-58　电力机车

在电力驱动上，高铁机车和磁悬浮列车都是先进的产品。电流会产生磁场，轨道的磁力将列车悬浮起来，这样列车运行的阻力就非常小。电磁力还为磁悬浮列车提供驱动力。

图 2-59　"复兴号"高铁动车

图 2-60 磁悬浮列车

利用可控核反应堆获取能量，转化为热能，再推动蒸汽机等提供动力，就是核动力装置。航空母舰、核潜艇都可以用核动力装置。

图 2-61 核动力航母

提供动力的技术还会创新，提供动力的装置还会革新。从最初的人力，到机械力，到电力，再到核动力，一次次地解放生产力，一次次地提高效率。这是一个动力无限的世界！

工业革命既改变了生产技术和劳动工具，又改变了产业结构。经过工业革命，纺织、冶金、煤炭、机器制造和交通运输成为英国工业的五大基本部门。到1830年，工业收入已经超过农业收入。到1850年，英国城市人口超过农村人口。英国是世界上第一个完成工业化的国家。工业革命让英国从一个传统的农业经济国家一跃成为处于垄断地位的"世界工厂"，继而成为称霸世界的"日不落帝国"。工业革命自开始至完成，大致经历了一百年的时间，影响范围扩展到西欧、东欧、北美和亚洲。继英国之后，法国、德国、美国、俄罗斯、日本等国都出现了工业革命的高潮，它标志着新的世界一体化高潮的到来。

三、无线电报机

第二次工业革命以电力的发明和广泛应用为显著特点,其影响远比第一次工业革命更为广泛深远,在工业生产领域内部引起了巨大的变革,极大地推动了生产力的发展,发电机、电动机的发明和推广使用,使世界进入了"电气时代";内燃机、汽车和飞机的发明,引发了新的交通运输革命;炼钢技术的提高,使世界进入了"钢铁时代",这些构成了第二次工业革命的主要内容。无线电报机是第二次工业革命的一项重要成就。

伽利尔摩·马可尼是意大利电气工程师和发明家。1874 年,马可尼生于意大利的博洛尼亚市。马可尼是一个很有独立见解和独创精神的人,当他还是少年时就制作了许多种神奇的装置,显示出超人的才华。小时候,他常常随母亲坐船漂洋过海去英国甚至是北美探亲访友。旅途中,当船只航行在一望无际的大海上时,常常会遇到一些意想不到的麻烦,可是又无法和陆地及其他正在航行的船只取得联系。于是,他常常想,能不能找到一种通信工具,当船在海上航行时,也能和陆地取得联系呢?这种想法一直萦绕在他的心头。

1894 年,20 岁的马可尼由于一次偶然的机会,在一本电磁杂志上读到一篇介绍赫兹研究电磁波的文章。这篇文章唤醒了马可尼少年时代的想法。如果使用电磁波传递莫尔斯电码,不就可以不再被电缆束缚了吗?他说服了父亲,并从他那里得到一切资金支持。于是他开始在他父亲的庄园里进行无线电报的实验。马可尼依靠自己在发明方面的天分和勤奋的工作,经过一次次电磁波的发送和接收实验,没过多久,居然就能进行短距离的通信了。经过进一步的改进,到 1895 年夏天,他在父母住宅的楼顶和距此 1.7 千米的山丘之间进行了通信实验,并取得了成功,这时马可尼也只有 21 岁。在博洛尼亚大学学习期间,他用电磁波进行了约 2 千米距离的无线电通信实验,获得成功。1909 年,他与布劳恩一起获得诺贝尔物理学奖。

图 2-62 马可尼与他设计的无线电发报机

马可尼设计的无线电发报机很像当年赫兹的实验装置。当按下莫尔斯电码键盘时,线圈两端就会瞬时产生高压,于是两个金属小球就会迸发出电火花,这些电火花产生的电磁振荡就会通过天线向外发射电磁波。这种最原始的电磁波发射器后来被称为

"火花振荡器"。

马可尼的无线电报接收装置采用了法国物理学家布兰利的发明成果——粉末检波器。粉末检波器有一个很细的玻璃管，管中装有细小的金属屑，管的两端各有一个电极，当有电磁波传过来时，两端的电极上会产生感应电势，金属屑会互相吸引而彼此黏结起来。当粉末检波器接收到信号而导电，电报机上就有电流流过，并会自动在电报纸上打出莫尔斯电码的"点"和"画"来。这样发射端发出的莫尔斯电码文就可以在接收端出现。

历史上每一次工业革命都是人类认知能力和改造自然能力的飞跃，并最终通过运用科学技术提升生产效率来实现。工业革命的产生往往与当时的社会政治、经济、科学技术、文化教育、自然资源等条件密切相关。生产力的迅猛发展改变了社会结构和世界形势，企业的规模也越来越大，生产和资本的集中促成了新世界格局的形成。

第三节　信息社会中的劳动创造

信息社会是指信息在社会发展中占主导地位、以信息化为特征的人类社会文明形态，它与现代科技革命同步产生。在现代科技革命的大力推动下，西方发达国家进入了一个经济大发展时期，即所谓的"经济高速增长时期"，经济全球化也进入了一个新的发展阶段，西方发达国家开始从工业社会向信息社会转变。

信息社会的主要特征是：以知识阶层为生产力主体，以信息流通作为社会联系的基本机制；现代通信技术和自动控制技术飞速发展，数字技术和网络技术的出现带来传统媒体的变革，新媒体相继出现，如数字杂志、数字报纸、数字广播、移动电视等；文化传播超越时空限制，即时性和双向互动性特征显著。

信息技术的开发和广泛应用，成为社会和经济发展的重要推动力和重要生产要素，它改变了人们的生产、工作和生活方式。迄今为止，新技术革命还在深入发展，它已经显示出的力量，正在深刻地改变着世界面貌和人类的物质、精神生活，极大地影响着世界文明的未来。

信息革命兴起于20世纪四五十年代，以原子能、电子计算机、航天技术和生物工程的发明和应用为主要标志，涉及信息、新能源、新材料、生物、空间技术和海洋等诸多领域。这次革命发端于美国，随后遍及全球。

一、"两弹一星"

20世纪初的物理学革命使得现代科学在这个世纪取得空前大发展。经典物理学和数学中许多一向被视为天经地义的基本原理接连受到怀疑和重新审视。在相对论和量子力学理论创立之后，粒子理论、概率论等学科理论，核物理学、半导体物理学和超导物理学，数学中的拓扑学和微分几何学、模糊数学等分支学科，以及天体物理学、海洋地质学、高分子化学、遗传学、生命科学等新兴学科相继创立，科学革命的巨大成就为新技术革命提供了理论基础，科学与技术的结合更加紧密。

（一）世界上的第一颗原子弹

世界上的第一颗原子弹的研制与其他重大发明一样，是许多科学家共同劳动的结晶。

1895年，德国科学家威廉·伦琴发现了阴电荷"X射线"。

1902年，法国科学家比埃尔·居里和玛丽·居里夫妇发现放射性元素镭。

1905年，科学巨人艾伯特·爱因斯坦相对论的提出和20世纪初量子力学理论的确立，为揭示原子内部的运动规律提供了强大的理论武器。爱因斯坦根据狭义相对论推理出了能量和质量关系的转换公式，即能量等于质量乘以光速平方（$E=mc^2$），从而预见到原子核的裂变将释放出比普通化学大百万倍的原子能。英国物理学家欧内斯特·卢瑟福发现了放射性物体的活动规律，揭示了原子的"真面目"。

1938年，德国物理学家奥托·哈恩和弗里茨·斯特拉斯曼成功地进行了用中子轰击铀原子核的实验，终于出现了物理学界期待已久的裂变反应。

1939年，迈特纳在哥本哈根的实验证实，每裂变一个原子可以放出大约2亿电子伏的能量，如能把铀控制利用，在理论上其爆炸力会等于TNT炸药的2000万倍。

1938年12月，意大利科学家恩里科·费米，因用中子的撞击产生新辐射物质的实验中发现了核裂变反应而获得诺贝尔奖。

1939年1月25日，在费米的指导下，美国哥伦比亚大学实验室用回旋加速器进行的铀裂变实验，证实了迈特纳的实验结果。

所有这一切科学上的重大发现为研制原子弹创造了有利条件。

铀裂变的伟大发现震惊了美国科学界。核物理学家早已了解原子的结构，并且知道原子裂变在理论上是可能的，现已成为事实。从原子核裂变中获得无比巨大能量的实验已获突破，哪一国能够把它转为实用，就有可能制造出一种威力无比的新型炸弹。比较巧合的是，裂变反应正好是在第二次世界大战的导火线已经点燃的时候实验成功的。那些亲身遭受希特勒的迫害而从欧洲移居美国的科学家，对原子能在军事上应用的可能性及其对世界政治力量对比的影响最为敏感，他们担心，如果纳粹德国首先拥有这种新型炸弹，希特勒就有可能统治世界或者毁灭世界。而且有种种迹象证明德国已经远远走在前面。

经过一些科学家的奔走努力，美国的罗斯福总统最终采纳了爱因斯坦的建议，支持研究原子弹的工作，并下令成立一个铀顾问委员会。它通过与有关大学的实验室订立合同的办法，同时执行16项有关原子能的研究计划。直到太平洋战争爆发后，美国政府才决定大量拨款，利用一切必要的资源，加快研制原子弹的步伐。

（二）二战时期欧美核技术发展

第二次世界大战后，苏联于1949年8月29日首次试爆原子弹成功。美国为维持其核垄断的地位，杜鲁门总统在一片反对声中下令制造氢弹。1952年11月1日，美国首爆氢弹，当量约1000万吨，其威力相当于投在广岛的原子弹的600倍，把核武器的威力一下

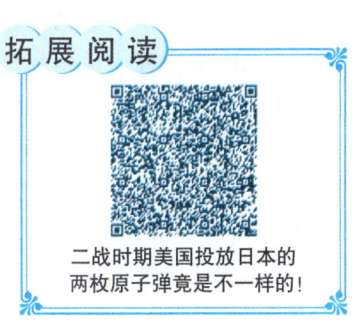

拓展阅读

二战时期美国投放日本的两枚原子弹竟是不一样的！

提高了 500 倍。当时的试验场地，一个位于西太平洋上的环礁中的小岛，当即就消失了。1953 年 8 月 12 日，苏联第一颗氢弹成功爆炸。1957 年 5 月 15 日，英国也拥有了自己的氢弹。随后几个核大国又研制成功能飞跃数千千米乃至上万千米的运载火箭。原子弹、氢弹与远程运载火箭相结合，构成了战略核武器，人类从此被笼罩在核毁灭的阴云之下。

二战后，核技术除了军用以外，也开始民用。1954 年，苏联建成 5000 千瓦电力和 3 万千瓦热功率的原子能发电站。英国第一号原子能发电站于 1956 年 10 月开始运转。1957 年，美国也建成发电量为 6 万千瓦的原子能发电站。1957 年，苏联第一艘核动力破冰船"列宁号"成功下水。1962 年，美国建成第一艘核动力货轮"萨瓦纳"号。20 世纪 60 年代后，核电站完全进入实用阶段。到 20 世纪末，全球已有近 500 座核电站。

（三）新中国的核技术发展

中国人的原子弹梦想，可以追溯到国民政府时期。美国在日本广岛和长崎投下的两颗原子弹，爆炸威力震惊全球。当时的国民政府也为之心动，遂于 1946 年派出人员赴美开始专门考察和学习。但此后的国民政府已然风雨飘摇，加上美国的反对与遏制，国民政府的原子弹梦想无疾而终。

在中华人民共和国成立之初，虽然人力、财力短缺，百废待兴，但新中国从一开始就在做原子弹研发准备工作。准备工作是从两个方面着手的：一是成立有关原子能的科学研究机构；二是开展地质工作，寻找原料铀矿。

1950 年 5 月，中国科学院近代物理研究所正式成立，钱三强任所长，在周恩来总理的支持下，广纳原子能科技人才，先后请彭桓武和王淦昌作为自己的副手。钱三强还给海外留学人员写公开信，诚邀广大留学生回国效力。在建所之初短短几年的时间里，从国外回来到研究所工作的科学家有金星南、郭挺章、邓稼先、朱洪元、胡宁、杨澄中、戴传曾、杨承宗等；从国内其他单位调入的科学家有金建中、祁贤杰、黄祖洽、王树芬、陆祖荫、李德平、叶铭汉、于敏等。总的来说，作为中国原子能科学技术研究的大本营，中国科学院近代物理研究所在新中国原子弹的研制中发挥了特殊作用，原子弹研制工程中的骨干力量大部分都是从该所抽调而来的。

中华人民共和国成立后，专门设立了地质部，著名地质学家李四光被任命为部长。地质部的工作内容很多，其中一项重要工作就是寻找、开采铀矿。地质部起初的工作是很艰难的，但从 1955 年起铀矿的探测与开采取得了重大进展。

1955 年初，我国正式启动原子弹研制工程，在中央的支持下，陆续从中科院和全国各地区各部门选调了郭永怀、程开甲、陈能宽、龙文光等 105 名中高级科研人员加入攻克原子弹技术难关的队伍。同时，将中国科学院近代物理研究所的王淦昌、彭桓武等一批高级研究人员调到核武器研究院。这些科研人员与先期参加原子弹研制工作的朱光亚、邓稼先等人，构成了中国原子弹研制工作的骨干力量。

1962 年 11 月 3 日，毛泽东主席在国防工业办公室主任罗瑞卿《关于建议成立中央专门委员会的报告》上批示："很好，照办。要大力协同做好这件工作。"（中国共产党新闻网《中共专门委员会与中国第一颗原子弹成功试爆》聂文婷）在毛泽东主席"要大力协同做好这件工作"的总动员令下，在中央专委的有力领导下，中国的原子弹研

制工程在 1963 年至 1964 年迎来了丰收。从 1963 年 3 月开始，原子弹研制大军开始移师青海金银滩，在那里制备第一颗原子弹，并进行原子弹原理实验。整个原子弹的研制工作顺利进行，胜利在望。1964 年 10 月 16 日 15 时，新中国在新疆罗布泊地区成功爆炸了自己的第一颗原子弹！试验结果表明，我国第一颗原子弹的设计和制造水平，超过了美、苏、英、法四国第一颗原子弹的水平。

图 2-63 "两弹一星"元勋群体像（新华社）

图 2-64 中国第一颗原子弹爆炸成功

拓展阅读

"两弹一星"元勋邓稼先：隐姓埋名28年 用无私的精神铸就大国重器（学习强国）

1964年10月16日：中国第一颗原子弹爆炸（学习强国）

1965 年 1 月 23 日，毛泽东在听取汇报时提出："敌人有的，我们要有，敌人没有的，我们也要有。原子弹要有，氢弹也要快。"（中国共产党新闻网《毛泽东与两弹一星》王志刚等）周恩来立即要求有关部门做出全面规划，中央专委批准了《关于突破氢弹技术的工作安排》。从 1964 年 10 月起，在完成了原子弹的研制工作后，核武器研究所抽出三分之一的理论研究人员，全面开展氢弹的理论研究。1965 年 1 月，中国科

学院近代物理研究所先期进行氢弹研究的黄祖洽、于敏等 31 人全部调到核武器研究所，集中力量从原理、结构、材料等多方面广泛开展研究。1967 年 6 月 17 日 8 时 20 分，由轰-6 甲型飞机空投的我国第一颗氢弹爆炸成功。从第一颗原子弹爆炸成功到第一颗氢弹爆炸成功，美国用了 8 年零 6 个月，苏联用了 4 年，英国用了 4 年零 7 个月，法国用了 8 年零 6 个月，而我国只用了 2 年零 8 个月，发展速度如此之快，在世界上引起了巨大的反响，公认中国的核技术已经跨入全球先进行列。

图 2-65　中国第一颗氢弹爆炸成功及相关报道

（1）导弹

1956 年 10 月 8 日，我国第一个导弹研究机构，即国防部第五研究院正式成立，由刚从美国回来不久的著名火箭专家钱学森任院长，把研制导弹和火箭技术作为我国高科技的一个主攻方向。1960 年 11 月 5 日，我国用国产燃料成功发射了第一枚仿制导弹，于是中国有了自己的近程导弹。1964 年 6 月 29 日，我国第一个自行设计的中近程运载火箭发射获得成功，揭开了我国导弹、火箭发展历史上新的一页。

图 2-66　我国第一枚国产近程导弹"东风一号"发射成功

（2）人造卫星

1965 年 9 月，中国科学院开始组建人造卫星设计院，正式实施我国第一颗人造地球卫星工程研制计划。为保证第一颗卫星发射需要，全国开始建立相应的观测网、信息传递系统和计算机控制中心。

1966年，我国第一颗人造地球卫星被命名为"东方红一号"，运载火箭命名为"长征一号"。

拓展阅读

新中国的第一颗人造卫星"东方红一号"（学习强国）

图 2-67 "长征一号"火箭在酒泉卫星发射中心

1970年4月2日，周恩来召开会议听取"东方红一号"卫星和"长征一号"火箭情况汇报；4月23日，毛泽东亲自批准发射我国第一颗人造地球卫星。

1970年4月24日，我国第一颗人造地球卫星"东方红一号"发射成功。它的成功发射，使得中国成为继苏、美、法、日之后世界上第五个独立自主发射人造地球卫星的国家，揭开了中国航天活动的序幕，宣告了中国航天技术新时代的到来。

进入21世纪，中国航天技术进入高速发展阶段，"神舟五号""神舟七号"和"神舟九号"载人飞船发射成功，中国成为继苏、美后第三个有能力独立自主地将人送上太空，并进行太空行走、顺利完成与空间实验室对接的国家。2016年8月16日1时40分，我国"墨子号"量子科学实验卫星成功发射升空，标志着我国空间科学研究又迈出重要一步。

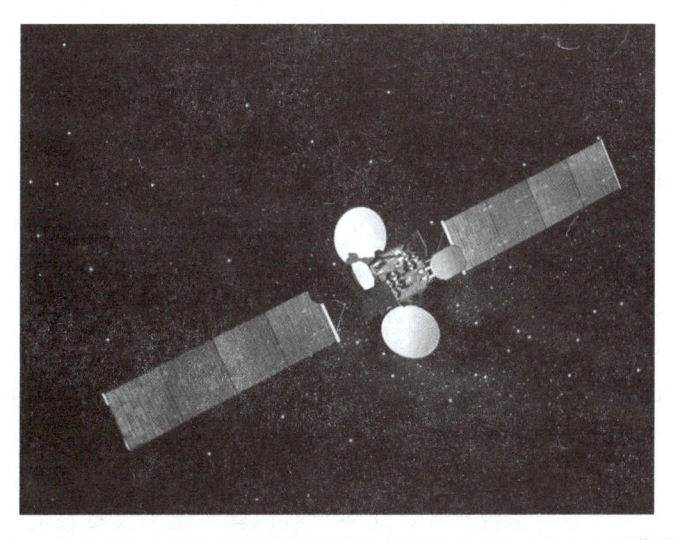

图 2-68 2016年，我国成功发射世界首颗量子科学实验卫星"墨子号"和稀薄大气科学实验卫星（图片来源：中国科学院微小卫星创新研究院）

二、北斗导航

北斗卫星导航系统，这是中国自行研制的全球卫星导航系统，由35颗卫星组成，可在全球范围内全天候为各类用户提供高精度高可靠性的定位、导航、授时服务，并具备短报文通信能力。北斗系统由于具有这个功能，已在多个领域得到广泛应用，并发挥着重要的作用。

拓展阅读

北斗卫星导航系统知多少？（学习强国）

提到中国卫星导航系统，不少人首先想到的是20世纪90年代开始建设的北斗卫星导航系统，其实中国人关于利用人造地球卫星进行导航定位的设想在20世纪60年代就已经萌生，并付诸实践。中国的这一设想是与世界同步的。

钱学森、赵九章等老一辈科学家敏锐地认识到卫星导航的重要性，并适时提出了研制导航卫星、建设中国卫星导航系统的规划和构想。

1969年，中国卫星导航工程的先驱、代号为"691"的"灯塔一号"工程立项，正式列入国家计划。到20世纪70年代末期，卫星初样阶段工作全部完成，即将转入正样研制。但因当时国家工业基础和经济实力比较薄弱，加之原定的技术指标渐显陈旧落后，1980年为贯彻"调整、改革、整顿、提高"方针和研制急用、实用卫星的原则，"灯塔一号"项目被暂停。

"灯塔一号"项目的暂停虽然留下了不少遗憾，但其播下的种子在改革开放时代沃土的培育下和"科学的春天"良好外部环境中应润而发、生根发芽。

1983年，以陈芳允院士为代表的专家学者提出了利用2颗地球同步轨道卫星来测定地面和空中目标的设想，这一方案能以最小星座、最少投入、最短周期实现导航卫星的"从无到有"。孙家栋等人对这个设想的理论十分认可，中国空间技术研究院等单位随即开展了一系列预先研究和试验工作。

在多方力量的积极推动下，1994年，中国的卫星导航工程获批立项，并以用于识别方向的"北斗星"命名，这就是"北斗一号双星导航定位系统"，孙家栋被任命为工程的总设计师。自此，中国开始了第一代卫星导航系统的研制建设。

2000年10月31日、12月21日，北斗一号01星、02星相继发射成功并实现在轨稳定运行，构成了北斗导航试验系统。我国的导航系统建设迈出了关键的第一步，并独创了定位体制。2003年5月25日，备份星北斗一号03星发射成功。中国的北斗导航试验系统于2003年12月15日正式开通运行，开始面向中国及周边提供有源服务，实现了我国独立自主建立卫星导航定位系统的目标。中国由此成为继美国、俄罗斯之后世界上第三个拥有导航卫星的国家。

2003年中国建成北斗导航试验系统时，美国GPS系统、俄罗斯格洛纳斯系统均已完成全球组网。与其他导航系统相比，北斗导航试验系统不仅覆盖范围小，只能提供基本的定位、授时功能，而且无法测速，推广应用受限较大。中国必须造出更精确、覆盖范围更广的卫星导航系统。

早在1999年，中国空间技术研究院就预先展开了对第二代卫星导航定位系统的论证。随着第一步计划的顺利完成，北斗工程由试验阶段正式转入应用实施阶段，并于2004年9月正式启动北斗卫星导航系统建设。

接下来的北斗路，是一步跨到全球组网，还是分阶段走？一步建全球，基于早期北斗工程的科研经费、技术基础、人才队伍等现实情况我们走不了；分步走，世界又没有先例，这个问题在当时引发了不小的争议。

最终，"先区域、后全球"的思路被确定下来，北斗之路由此铺开。"三步走的战略确保我们至少提前十年用上了北斗，满足了我国的实际情况，是中国的首创。"北斗一号卫星总设计师范本尧每次谈到这件事都很感慨。

为快速形成区域导航服务能力，北斗团队没有遵循美俄曾经走过的老路，而是提出了中圆地球轨道MEO卫星、地球静止轨道GEO卫星、倾斜地球同步轨道IGSO卫星组成的混合星座方案。这三类卫星，也被北斗团队亲切地称为"萌星""吉星"和"爱星"。北斗团队创新性、超越性的组网方案，为国际导航技术体系贡献了中国智慧和中国方案。

中国北斗系统建设虽然起步比美国的GPS晚了20年，但设计方案和技术指标走在了世界前列。2009年至2012年10月底，北斗二号系统连续成功发射了16颗卫星，完成了组网部署。2012年12月27日，北斗二号系统正式向亚太地区提供服务。北斗二号系统的投入使用，从根本上摆脱了中国对国外导航系统的依赖。

2009年北斗三号全球卫星导航系统立项，系统建设之初就以"中国的北斗、世界的北斗、一流的北斗"为奋斗目标。在美国GPS、俄罗斯格洛纳斯、欧洲伽利略等纷纷以单一轨道卫星部署星座的背景下，北斗系统独树一帜，提出并建成国际上首个混合星座导航卫星系统。

2020年6月23日，随着第55颗北斗卫星顺利入轨，北斗三号全球卫星系统正式完成"3GEO＋3IGSO＋24MEO"卫星组成的混合星座工程建设。从提供亚太区域服务到提供全球服务，北斗以世界独有的混合星座设计，为世界卫星导航事业发展提供了中国方案，从理论到工程实践上都凸显了中国智慧。

2009年中国开始建设北斗三号全球卫星导航系统，解决了制约高质量、高水平导航系统建设的核心技术问题，破解了我国全球布站难的困局，实现了部组件和核心元器件100%国产化自主可控目标，确保了我国自主导航定位系统的先进性和安全性。

从短报文通信功能来看，北斗系统从一诞生就身怀这项独门绝技，北斗三号与北斗二号相比服务容量提升10倍，单次可发送1000个中文字符甚至是图片。2017年11月5日，北斗三号首批组网星以"一箭双星"的方式在西昌卫星发射中心发射升空、成功入轨。

在此后短短不到3年时间里，在北斗系统全体工程人员的共同努力下，30颗组网卫星连续发射成功，提前半年建成我国北斗三号系统并投入使用，圆满实现了我国北斗系统建设"三步走"战略目标。2020年7月31日，北斗三号全球卫星导航系统正式建成开通，面向全世界提供服务。

在26年艰苦卓绝的奋斗中，北斗团队孕育形成了自主创新、开放融合、万众一

心、追求卓越的新时代北斗精神。北斗团队取得的突出成绩、做出的巨大贡献和形成的新时代北斗精神，凝结着一代代航天人接续奋斗的心血，饱含着中华民族自强不息的本色。

拓展阅读

世界主要国家空间技术发展

从1968年到2010年，我国第一个100次航天发射任务的完成共经历了42年。进入21世纪，中国空间事业跨越式发展。从2010年到2016年，第二个100次航天任务发射用了6年时间；从2016年到2020年6月，第三个100次航天任务发射用了3年多；从2020年7月到2023年3月完成第四个100次航天任务发射，用时仅二年多。进入21世纪第二个十年，随着科技的快速发展，以航天技术为重点的新一轮科技革命和产业变革突飞猛进，我国正以前所未有的速度开拓太空、走向宇宙，更加深度地开发和利用空间资源。

三、射电望远镜

中国天眼，坐落在贵州省黔南州平塘县克度镇，是世界上最大的射电望远镜，于2016年9月25日落成启用。这款500米口径球面射电望远镜是南仁东先生团队花费20多年心血才打造出来的。

1993年，在国际无线电科学联盟大会上，中国等10个国家的天文学家提出应建造新一代射电"大望远镜"。他们期望，在电波环境被彻底破坏之前，真正看一眼初始的宇宙，弄清宇宙结构是如何形成和演化至今的。这曾是一代天文学人的梦想，也是建造FAST的动机。

1994年底，北京天文台（现国家天文台）牵头国内20所院校，提出建设"喀斯特工程"。他们从中国西南无数个喀斯特地貌的凹坑中，选中了贵州省平塘县的大窝凼。2011年3月，这个工程（即FAST）正式开工建设。

FAST完成工程建设后，便进入了望远镜本身的调试阶段。FAST调试难度大，调试工作涉及测量、控制、力学、电子学、天文等多学科领域，具有极大的技术挑战。同时，FAST工作模式显著区别于传统望远镜，没有成熟的经验可供参考。经过调试，FAST望远镜现已实现了跟踪、漂移扫描、运动中扫描等多种的天文观测模式，有数项的关键指标超过了预期。

FAST望远镜，是把覆盖30个足球场的信号，聚集在药片大小的空间里。借此，FAST能够监听到宇宙中微弱的射电信号。射电望远镜与光学望远镜一样，口径越大接收到的电磁波越多，其灵敏度就越高，探测能力就越强。要达到这一目标，500米口径的结构，必须实现毫米级的精度，这是之前的天文学家从未做过的。

在建设过程中，FAST团队要在大窝凼这个凹坑内铺设4000多块单元组成的500米球冠状的主动反射面，球冠的反射面在射电源方向要形成300米口径的瞬时抛物面；要使望远镜接收机能与传统抛物面天线一样处在焦点上，就要采用轻型索拖动机构和并联机器人，实现接收机的高精度定位。FAST靠拉扯索网来调整"天线"（大锅）。

整个索网联系着边框以及 2000 多个凹坑地表面上的促动器。这些电机协同配合，一致行动，控制着索网的形状。而整个变形（调整天线）过程，是由激光定位系统校准的。框架、索网、接收器，每一部分的位移都要控制在毫米级，FAST 才能正常工作。FAST 仅反射面就需要 2000 多台促动器协同控制，而且索网把所有促动器都连成了一个整体，可以说是"牵一发而动全身"。高悬在大锅上方的一个类似于神舟飞船大小的馈源舱（信号接收单元），重达 30 吨，内设世界上最精贵的接收器。它被 6 条 400 多米的钢索吊起，移动范围达 200 米，随时接收相当于 30 个足球场的大锅传来的信号。

调试后的 FAST 是当之无愧的世界上最灵敏的射电望远镜，可以帮助人类了解更遥远、更早期的宇宙。

FAST 的研制和建设，体现了我国自主创新能力，还将推动我国在天线制造技术、微波电子技术、并联机器人、大尺度结构工程、公里范围高精度动态测量等众多高科技领域的发展。

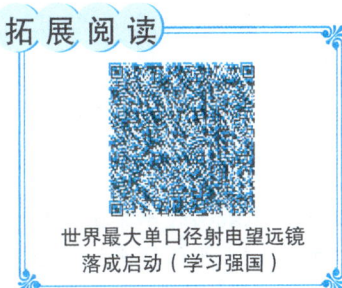

拓展阅读

世界最大单口径射电望远镜落成启动（学习强国）

★ **拓展阅读** ★

美国"信息高速公路"计划

1992 年，克林顿在其总统竞选文件《复兴美国的设想》中强调指出："20 世纪 50 年代在全美建立的高速公路网，使美国在此后的 20 年取得了前所未有的发展。为了使美国再度繁荣，就要建设 21 世纪的'道路'，它将使美国人得到就业机会，将使美国经济高速增长。"1993 年 9 月，克林顿政府正式推出跨世纪的"国家信息基础设施"工程计划，通俗的叫法就是"信息高速公路"计划。其内容是：计划用 20 年时间，投资 2000 亿～4000 亿美元，建造遍布全国的信息基础设施，从而推动计算机科技和通信技术的飞速发展，服务范围包括教育、卫生、娱乐、商业、金融和科研等机构及家庭，使所有的美国人方便地共享海量的信息资源。

美国"信息高速公路"计划，抓住了当时全球技术发展趋势的核心，极富远见，因此该计划一经出台，立即引起了世界各国政府的重视和响应，各国竞相效仿，纷纷推出本国的信息高速公路计划，于是 20 世纪 90 年代末全球掀起了一股高速网络建设热潮。

"1995—1998 年，美国经济增长来源于信息技术及相关产业的贡献率高达 35％。到 2001 年，信息产业对经济增长的贡献率远远超过制造业、钢铁业与汽车业这三大产业贡献率的总和，成为美国经济持续增长的'火车头'。尤其是计算机软件业，自 20 世纪 90 年代以来，每年都在以 12％的速度迅速增长，比美国经济增长率要高出四五倍。"[1] 雅虎、亚马逊、谷歌、eBay 等今天的美国互联网巨头企业大部分诞生于这一时

---

[1] 金乐琴. 1995 年以来美国劳动生产率加速增长的原因[J]. 经济理论与经济管理，2007（8）：71-75.

期，硅谷也发展成为全球科技及互联网产业的中心，凝聚了全球最顶尖的科技人才及风险资本。伴随着劳动生产率的迅速提高和美国经济的持续增长，20世纪90年代美国国际竞争力也得到了快速提升。根据瑞士洛桑国际管理发展学院（IMD）统计数字可知，美国于1994年在世界竞争力排行榜上重新夺冠，至2002年仍继续保持世界第一的领先地位。

第四节　智能社会中的劳动创造

一、虚拟现实

虚拟现实技术是仿真技术的一个重要方向，是仿真技术与计算机图形学、人机接口技术、多媒体技术、传感技术、网络技术等多种技术的集合，是一门富有挑战性的交叉技术前沿学科和研究领域。虚拟现实技术（VR）主要包括模拟环境、感知、自然技能和传感设备等方面。模拟环境是由计算机生成的、实时动态的三维立体逼真图像。感知是指理想的 VR 应该具有一切人所具有的感知。除计算机图形技术所生成的视觉感知外，还有听觉、触觉、力觉、运动等感知，甚至包括嗅觉和味觉等，也称为多感知。自然技能是指人的头部转动，眼睛、手势或其他人体行为动作，由计算机来处理与参与者的动作相适应的数据，并对用户的输入做出实时响应，并分别反馈到用户的五官。传感设备是指三维交互设备。

拓展阅读

新质生产力观察·向未来出发
虚拟现实技术（学习强国）

虚拟现实作为一项创新的技术，正在改变着我们的世界。通过虚拟现实技术，我们可以超越时间和空间的限制，探索和体验更广阔的世界。无论是在游戏、教育、医疗还是建筑等领域，虚拟现实技术都具有巨大的潜力。然而，虚拟现实技术的发展仍然需要我们持续投入研发和创新，并解决相应的技术和应用挑战。相信在不久的将来，虚拟现实将成为我们生活中不可或缺的一部分，为我们带来更加丰富、沉浸式的体验。

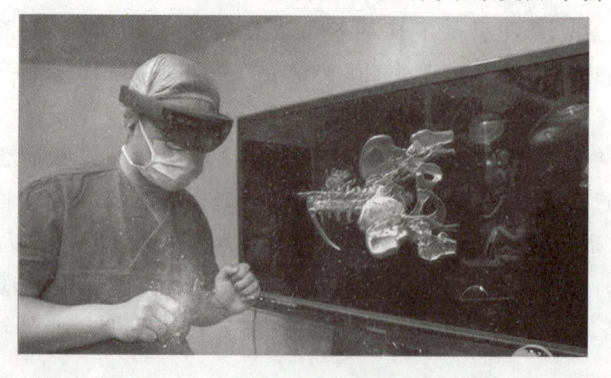

图 2-69　医生戴 AR 眼镜模拟手术

二、自动驾驶

自动驾驶是指利用先进的感知、决策和控制技术，使汽车能够在无人驾驶的情况下进行自主导航和操作，从而实现车辆的智能驾驶。

自动驾驶依赖于一系列关键技术，包括环境感知、场景理解、路径规划、决策与控制等。通过感知设备如雷达、摄像头和激光雷达等，车辆可以实时获取周围环境的信息，然后，通过算法对所获取的数据进行处理和分析，对道路、障碍物和交通标志等进行识别和理解。基于这些信息，车辆可以生成最优的行驶路径并进行决策，最终通过控制系统实现车辆的自主驾驶。

拓展阅读

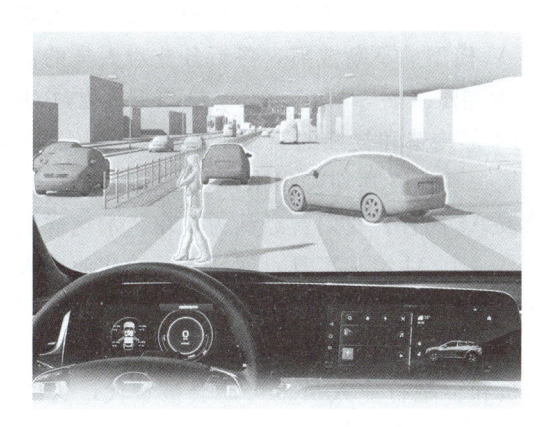

自动驾驶你了解吗？
（学习强国）

图 2-70 自动驾驶

随着自动驾驶技术的不断发展和成熟，预计未来将会实现完全自动驾驶的汽车，人们可以更加自由地利用出行时间，道路交通会更加安全、高效和环保。自动驾驶技术还将与其他领域相结合，如物流、公共交通和农业等，为社会带来更多的便利和效益。

三、万物互联

万物互联是指通过网络将各种物体连接起来，实现信息交流和智能控制的技术和概念。它能够使不同类型的设备、传感器、物品等相互连接，进行数据交换和协同工作，从而实现对物体的感知、识别、追踪和控制。万物互联将信息转化为行动，给企业、个人和国家创造新的功能，并带来更加丰富的体验和前所未有的经济发展机遇。

随着越来越多的事物、人、数据和互联网联系起来，互联网的力量正呈指数增长。这个观点（也就是"梅特卡夫定律"）由科技先驱和3Com公司的创始人

拓展阅读

移动改变生活：万物互联
（学习强国）

罗伯特·梅特卡夫提出。罗伯特·梅特卡夫认为，网络的价值与联网的用户数的平方成正比。随着我们步入万物互联时代，公众将更多的注意力投向梅特卡夫定律，想知道同样的定律是否仍将适用。

拓展阅读

人工智能的发展对大学生的择业有什么影响？

目前人工智能可以做到什么程度？2023年5月，美国好莱坞约1.15万名编剧集体罢工，可谓是近十几年来电影行业最大规模的罢工狂潮，其原因就是电影公司发布的让AI代替编剧写稿的决策。因为AI工具的使用成本极低，且创作进度飞快，质量也不亚于人工编剧。这充分说明，在文字领域，人工智能已经能比人类做得更好！

这仅仅只是AI取代人们工作的一个缩影，目前世界各地都在发生着此类事件，失业潮来势汹汹，且随着AI模型的不断成熟，各行各业对人员的需求只会越来越少。举个例子，GPT自然语言模型爆火后，Midjourney绘画工具通过对接API接口，可以让AI详细地描绘出人类的手部构造和复杂的三维结构模型！以前即使是专业的原画师也需要花费大量的时间一笔一画地将其勾勒出来，现在AI就可以迅速做到！可以预见，原画师行业将很快全面被AI代替。我们曾经认为，在艺术这样的领域，人工智能永远不能取代人类，但仅仅是一个AI绘画工具，就已经开始让业内人士感受到压力了，其他领域还剩下多少时间？

目前，AI训练还有两个难点尚未突破，一个是高质量编程，另一个是炒股，一旦技术突破，海量的程序员和金融行业人员也可能会被替代，这些人可都是人类社会中的中坚力量。也许有的人会说：人工智能并没有完全超越人类啊，我们仍然可以出问题难住它，高端的岗位它也还无法取代。这种说法没错，但人工智能并不需要全面超越人类，只要能取代一部分低端的岗位，就能让人开始难受了。

从历史经验看，先进的生产力是不可阻挡的。我不清楚我们离强人工智能还有多远，作为人类，作为劳动者，我们一直以来为之自豪的智慧受到了来自人工智能的挑战，这是有生以来最令人震撼的事情，没有之一。

思考与练习

1. 举例说明在不同文明形态下，劳动创造了哪些文明成就。
2. 请通过网络了解"两弹一星"元勋们以身许国的奋斗故事，然后在班级分享。
3. 信息社会和智能社会中的劳动创造给你的生活带来了哪些影响？
4. 请分析社会进步的力量来自哪些方面。它们对你的成长有何启示？

第三章

劳动·精神

> 伟大的成绩和辛勤劳动是成正比例的，有一分劳动就有一分收获，日积月累，从少到多，奇迹就可以创造出来。
>
> ——鲁迅

核心问题

1. 通过工匠、劳模们的故事理解劳动精神的内涵"崇尚劳动、热爱劳动、辛勤劳动、诚实劳动"。
2. 通过工匠、劳模们的故事理解劳模精神的内涵"爱岗敬业、争创一流、艰苦奋斗、勇于创新、淡泊名利、甘于奉献"。
3. 通过工匠、劳模们的故事理解工匠精神的内涵"执着专注、精益求精、一丝不苟、追求卓越"。

第三章　劳动·精神

劳动是人类的本质活动，是推动人类社会进步的根本力量。劳动光荣、创造伟大，是马克思主义劳动观的基本观点，是对人类文明进步规律的重要诠释，也是深深植根于中华民族血脉的精神基因。中华文明历经沧桑而生生不息，一个重要原因就是中华民族始终崇尚劳动、热爱劳动。革命、建设、改革的每一步都不是轻而易举的，每一步都浸透着亿万劳动群众的辛勤汗水和默默奉献。

伟大实践孕育伟大精神，伟大精神引领伟大实践。在长期实践中，我们培育形成了崇尚劳动、热爱劳动、辛勤劳动、诚实劳动的劳动精神。劳动精神是中国共产党人精神谱系的重要内容，是以爱国主义为核心的民族精神和以改革创新为核心的时代精神的生动体现，意蕴丰富，历久弥新。习近平总书记强调："只要有坚定的理想信念、不懈的奋斗精神，脚踏实地把每件平凡的事做好，一切平凡的人都可以获得不平凡的人生，一切平凡的工作都可以创造不平凡的成就。"（引自2019年9月29日习近平在国家勋章和国家荣誉称号颁授仪式上的讲话）全面建设社会主义现代化国家新的伟大征程，为广大劳动群众提供了宝贵机遇和广阔舞台。一切劳动者，只要有志气有闯劲，肯学肯干肯钻研，就能立足岗位成长成才，在劳动中体现价值、展现风采、感受快乐。

这是一个呼唤劳动创造、鼓励拼搏进取的时代，也是一个有机会干事创业更能干成事业的时代。让我们大力弘扬劳模精神、劳动精神、工匠精神，用劳动托举复兴梦想，靠双手开创更好的明天。

第一节　大国工匠

工匠精神是我国优秀传统文化的重要内容和宝贵财富。《考工记》（图3-1）中，"周人尚文采，古虽有车，至周而愈精，故一器而工聚焉。如陶器亦自古有之。舜微时，已陶渔矣，必至虞时，瓦器愈精好也。"反映的正是我国古代的能工巧匠们不断追求技艺精进的精神品格。

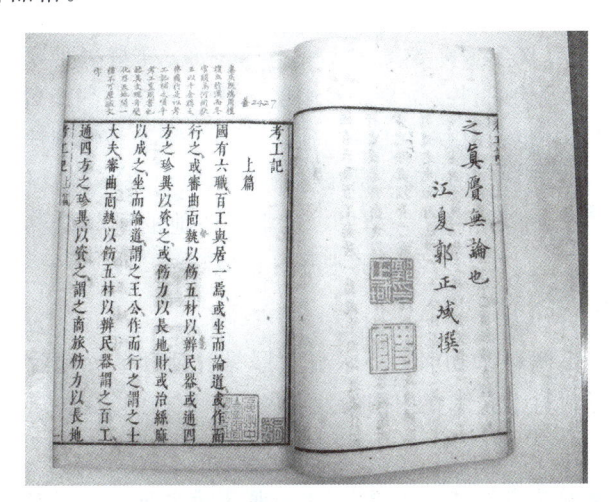

图3-1　《考工记》二卷　明刻朱墨套印本　广东省立中山图书馆藏

67

一、认识工匠

工匠的出现几乎与人类的历史一样久远。习近平总书记说："人类是劳动创造的，社会是劳动创造的。"（2016年4月26日，习近平在知识分子、劳动模范、青年代表座谈会上的讲话）恩格斯指出："真正的劳动……是从制造工具开始的。"

在中国传统文化语境中，工匠是对所有手工艺（技艺）人，如木匠、铁匠、铜匠等的称呼。荀子说："人积耨耕而为农夫，积斫削而为工匠。"长期从事农业生产的人为农夫，长期使用斧头等工具的人为工匠。自古以来，任何一个从事工艺劳动的工匠，都是以其毕生精力献身于这一工艺领域的。换言之，工匠就是从小学徒而终身从事某种事业的人，如铁匠、铜匠、建筑泥瓦匠等。早在春秋战国时期，除农业之外的各种手工艺工匠已经形成规模，称为"百工"。这些工匠能够"审曲面势，以饬五材，以辨民器"。随着工业化时代的到来，现代工艺已经从手工艺发展到机械技术工艺和智能技术工艺。技艺水平的发展标志着人类文明的进步。中国自古以来就是一个工艺制造大国，无数行业工匠的创造，是灿烂的中华文明的标识。在我国的工艺文化历史上，产生过鲁班、李春、李冰、沈括这样的世界级工匠大师，还有遍及各种工艺领域里像庖丁那样手艺出神入化的普通工匠。

（一）徐寿：传统中国最后的"大工匠"

【工匠档案】

徐寿（1818年2月26日—1884年9月24日）（图3-2），字雪村，号生元，江苏无锡人，清末著名科学家，中国近代化学的启蒙者，中国近代造船工业的先驱。

徐寿的家乡无锡是著名的鱼米之乡，也是远近闻名的手工业之乡。那里有许多能工巧匠。这影响了徐寿，他从小就爱好工艺制作，"少好攻金之事，手制器械甚多"。大概正是这一爱好使他由博览群书逐渐转而致力于科学技术的研究。徐寿在科技方面的兴趣极为广泛，举凡数学、天文历法、物理、音律、医学、矿学等，无一不喜、无一不好。他不仅潜心研究中国历代的科技典籍，对于明末清初从欧洲翻译过来的西方科技著作也认真加以研究。他认为工艺制造是以科学知识为基础的，而科学的原理又借工艺制造体现出来，所以他总是"究察物理，推考格致"。结果，这不仅使他的科学修养大为提高，也使他制作工艺器械的水平日趋提高。

图3-2 徐寿

【历史评价】

综观他的一生，不图科举功名，不求显官厚禄，勤勤恳恳地致力于引进和传播国外的科学技术，对近代科学技术在中国的发展做出了不朽的贡献。

【工匠故事】

历史上有不少名副其实的"大工匠"，比如被尊为木匠祖师爷的鲁班，又如平民哲学家墨子。近代前期，列强环伺，风雨飘摇，"工匠精神"的文脉传续却未中断，江苏

无锡人徐寿，或许称得上传统中国的最后一位"大工匠"。据说同治皇帝曾赐他"天下第一巧匠"的称号。不过，从徐寿的人生中我们还可以得到一些新的认识。

徐寿和马克思同一年生，晚马克思一年去世。西半球的历史传统和文化环境造就了革命导师马克思，他在东半球的同龄人徐寿则注目西方科技，成了百科全书式的科技专家。

青年时，徐寿也专心举业，后来觉得这东西实在不切实用，"遂专究格物致知之学"，"凡数学、律吕、几何、重学、化学、矿产、汽机、医学、光学、电学，靡不究原竟委"。今天，我们翻阅近代中国科技史，总会在多项技术上游发现徐寿的名字，他是中国第一台蒸汽机的制造者，第一艘机动木质轮船"黄鹄号"的制造者，化学元素的中文命名者，最早的电镀书作者，等等。尤其是"黄鹄号"，这艘大船重25吨，时速达每小时约10千米，除了一些钢板从外国进口外，"所用之器料"全部"取诸本国"，是真正自主创新的"国货"。

徐寿的高明之处在于没有止步于能工巧匠，而是对科技之理孜孜以求。1868年，51岁的徐寿在上海制造局翻译馆开始了译书的工作。据统计，徐寿父子、祖孙五人，一共翻译、撰述著作、专论96部篇，约740万字，内容涉及化学、数理、工艺、农业、政治、经济、军事等，可谓近代第一的"翻译家族"。徐寿曾说过这么一段话："化学各事，初视似无意趣，然久习之，实属开心益志（智），且与民生实用大有益。"用今天的话说，徐寿要追求的是有温度的科技，他给自己定的目标应该是成为一个"目中有人"的技术专家吧！

俗话说，成功的男人背后站着一个伟大的女人。在晚清中国，成功的科技专家背后往往站着有担当的政治家。站在徐寿身后的，便是大清帝国的顶梁柱曾国藩，他对博学多才之士，"尤加敬礼，乐于交游"，尤其重视网罗近代科技人才，按容闳的说法，"法律、算学、天文、机器等专门家，无不毕集，几于举全国人才之精华，汇集于此"。1861年，也就是英法联军火烧圆明园的第二年，徐寿以"精研器数、博涉多通"，进入曾国藩幕府。他先后在安庆、江宁制造局供事，完成了"黄鹄号"制造等大事，试制过程中，曾国藩明确表示，"如有一次或二次试造之失败，此项工程仍须进行"。再后来，徐寿专心翻译事业，这也与曾国藩"盖翻译一事，系制造之本"的思想密切有关。

徐寿一生历经大清帝国嘉庆、咸丰、道光、同治、光绪五位皇帝，这是一个中国已遭受西方势力沉重打击，但自信尚未被完全打垮的时期，也是传统知识分子向第一代新知识分子转型的时期。徐寿是中国传统工匠的谢幕人，也是近代科技知识分子的开路者。后人对他有如下评价："卓哉徐君，实事求是，服膺西学，深会其旨。辨别性质，研精覃思，技也进道，格物致知。"

今天，我们在震撼于这位"大工匠"徐寿的辉煌成就之余，或许更应该看到的是，"工匠精神"不仅体现在技术层面的雕琢，而且包括对技术之"理"和"道"的追寻，以及坚定用技术造福于民的信念。最后，其实也是最重要的，还需要一批有容错精神、伯乐眼光，又敢于担当的政治家，为"工匠精神"之勃兴与传续保驾护航。

（二）侯德榜：我国制碱工业的奠基人

【工匠档案】

侯德榜（1890—1974），闽侯县人。化学、化工、土建和机械工程专家。历任重工业部化工局顾问、化工部副部长等职。曾当选为第一、二、三届全国人民代表大会代表；中国人民政治协商会议第一、二、三届全国委员会常务委员；中国民主建国会中央常务委员会委员；全国科学技术协会副主席；中国科学院院士。1957年9月加入中国共产党。

【历史评价】

侯德榜因为世界化学工业事业所做的杰出贡献而受到各国人民的尊敬和爱戴，英国皇家学会、美国化学工程师学会和美国机械工程师学会授予他"荣誉会员"称号。

他是一位杰出的科学家，打破了索尔维集团70多年对制碱技术的垄断，发明了世界制碱领域最先进的技术，并为祖国的化工事业奋斗终生。他犹如一块坚硬的基石，与范旭东、陈调甫等实业家、化学家一起，建起了中国现代化学工业的大厦。

【工匠故事】

自主创新发明侯氏制碱法

1912年，侯德榜考入清华大学留学预留学堂高等科。次年，他以10门功课共1000分的特优成绩获准公费赴美留学，入美国麻省理工学院研习化工。1917年，获学士学位，1919年获美国哥伦比亚大学硕士学位，1921年获博士学位。

1921年，侯德榜抛开国外优厚的待遇，毅然回国，与爱国实业家范旭东一起在天津塘沽筹建亚洲第一座制碱厂——永利制碱厂。当时中国的化工产业处在起步阶段，创业困难重重。永利公司在筹建南京铔厂和永利川厂时都受到外国势力的阻挠。为了克服制碱难题，侯德榜特地远赴德国，欲向德方购买"察安"制碱专利。在谈判中，德方多方刁难并提出苛刻条件，侯德榜与范旭东等人商议后，决定立即中止谈判，并决心自行研究新的制碱法。

回国后，侯德榜凭借丰富的经验和扎实的知识基础，组织指导永利公司技术骨干开展新法制碱的研究。1941年，侯德榜的团队研究出融"察安"和"索尔维"两种方法、制碱与合成氨两种流程于一炉、联产纯碱和氯化铵化肥的新工艺，碱的利用率被提高到百分之九十八以上，纯碱制作成本降低了四十个百分点。这种新工艺被命名为"侯氏制碱法"。

1. 无私分享发明专利

"侯氏制碱法"的发明，不仅象征着中国人的智慧，而且代表了中国人的志气，是中华民族的骄傲。掌握了新制碱技术的侯德榜，并没有用这一技术谋利，而是撰写了《纯碱制造》一书，将制碱的奥秘公布于世，这本书被称为"中国化学家对世界文明所做的重大贡献"。晚年时，侯德榜还总结了40年制碱工业经验，编撰专著《制碱工学》，将"侯氏制碱法"无偿地奉献给世人。

侯德榜治学严谨，更热心助学。他虽然生活节俭，但在培育科技人才上十分慷慨。

除了捐助中华化学工业会和中国化学会外,他还先后资助了不少学子出国求学,捐资为家乡办学,为黄海化学工业研究社、中苏友好协会天津分会等添置科技书刊,将自己毕生精力都奉献给了祖国和人民。

图3-3 1990年,中国邮政发行了一套《现代科学家》邮票,共四枚,其中第三枚为"化学工业科学家侯德榜"

侯德榜的杰出贡献享誉世界,英国皇家学会、美国化学工程师学会和美国机械工程师学会授予他"荣誉会员"称号。面对掌声和鲜花,侯德榜却说:"我的一切发明都属于祖国"。晚年时,他两鬓染霜,体弱多病,但强烈的责任感、紧迫感迫使他仍然顽强地跋涉在科学的道路上。侯德榜在去世前给周恩来总理的信中写道:"一生蒙党和国家栽培,送外国留学,至今无以为报。拟于百岁之后,将家中所存国内较少有的参考书籍贡献给国家。"这是他仅有的家产,也是他留给我们攀登科技高峰的又一块阶石。

2. 治学态度严谨认真

侯德榜曾言:"勤能补拙,勤俭立业。"这是他一生为人、工作和生活的写照。

侯德榜小时候家中贫困,由于家中缺乏劳动力,他不得不在课余时间下地干活,过着半耕半读的生活。即使这样,他依然书不离手,经常在劳动之余刻苦读书。即使在水车上双脚不停地车水,他也不忘读书,留下了"挂车攻读"的典故。有一次,侯德榜到姑妈家玩,姑妈让他去阁楼取东西,可他很久都没下楼,姑妈上楼一看,发现侯德榜正在聚精会神地看书呢!原来,他在阁楼上发现了一箱书籍,就迫不及待地翻开来看,竟然把姑妈交办的事给忘了。

13岁时,侯德榜在姑妈的资助下进入美国教会学校——英华书院求学。这段求学经历也成为侯德榜人生旅途的重要转折点。在接触西方科学知识的同时,侯德榜也渐渐认识了资本主义贪婪的本性,对洋人宣扬的自由、平等、博爱产生了怀疑,也确立了对祖国深厚的感情,更加坚定了走科技救国之路的决心。

侯德榜深信"处处留意皆学问",强调在实践中学习。他倡导"寓创于学",既强调认真学习,又不盲从照搬,要在融会贯通的基础上,结合具体情况改进、创新。他坚持科学态度,严谨认真,对于疑难问题,一定要弄清。在学术讨论中,他坚持民主,鼓励和引导深入争论,相互取长补短,共同提高。

图 3-4　83 岁高龄的侯德榜抱病在家主持讨论纯碱工业的发展

拓展阅读

传承工匠文化　培育工匠精神

二、走进工匠

进入现代工业社会，伴随手工艺向机械技艺以及智能技艺转换，传统手工工匠似乎远离了人们的生活，但工匠并不是消失了，而是以新的面貌出现了，即现代工业领域里的新型工匠、机械技术工匠和智能技术工匠。我国要成为世界范围内的制造强国，面临着从制造大国向智造大国的升级转换，对技能的要求直接影响到工业水准和制造水准的提升，因而更需要将中国传统文化中所深蕴的工匠文化在新时代条件下发扬光大。

（一）顾秋亮："蛟龙"号首席安装钳工

【工匠档案】

顾秋亮（图 3-5），男，江苏无锡人，生于 1955 年，中国船舶重工集团公司第七〇二研究所水下工程研究开发部原职工，"蛟龙"号载人潜水器首席装配钳工技师。他全程参与了"蛟龙"号载人潜水器 1000 米、3000 米、5000 米和 7000 米四个阶段的海上试验，不仅完成了"蛟龙"号的日常维护保养，还和科技人员一道攻关，解决了海上试验中遇到的各种技术难题。

图 3-5　顾秋亮

【工匠成就】

顾秋亮是土生土长的无锡人,在钳工岗位上工作多年,能把中国载人潜水器的组装做到精密度达"丝"级。

【工匠故事】

顾秋亮同志从1972年起在中国船舶重工集团公司第七〇二研究所工作,在钳工安装及科研试验工作方面已经工作了几十年,先后参加和主持过数十项机械加工和大型工程项目的安装调试工作,是一名安装经验丰富、技术水平过硬的钳工技师。

顾秋亮同志为我国大型试验基地各大型实验室重大试验设施的建设、调试和维护正常运行等提出了行之有效的解决方案,比如在400米长的亚洲第一拖曳水池轨道的高精度安装调试、大型低噪声循环水槽的建设等工作中,解决了大型模型安装、测试仪器调整等关键技术,为七〇二所有关实验室的正常运行做出了积极的贡献。

2004年,为了确保"蛟龙"号载人潜水器的顺利安装,七〇二所抽调技术过硬的技术骨干参加该项目的总装工作,顾秋亮为其中之一。"蛟龙"号载人潜水器是可以下潜7000米深海进行资源勘查、深海观察作业和深海生物基因研究等的高科技装备。7000米深海的压力达到700个大气压,"蛟龙"号所有的设备都要承受如此之大的深海压力,只有保证好密封性能才能确保三名下潜人员的安全。为此,潜水器的结构件及设备的安装都有非常严格的要求,所有结构件、零部件的安装位置必须到位,强度必须保证。如潜水器艏部两侧的测深侧扫声呐,是可以进行深海海底地形精细观察的高精尖装备,对于安装的精度要求非常高,顾秋亮同志根据设计安装图纸设计了专用工装,并绘制安装工艺图,成功完成该项设备的安装,满足了安装精度要求。

2009年至2012年,顾秋亮作为"蛟龙"号海上试验技术保障骨干,全程参与了"蛟龙"号载人潜水器1000米、3000米、5000米和7000米四个阶段的海上试验。参加海上试验时,顾秋亮已五十多岁,但他克服了严重的晕船反应和海上艰苦的工作生活条件等诸多困难,安排好家中生病的妻子,义无反顾地投入到每年近100天的海试中。他带领装配保障组不仅完成了"蛟龙"号的日常维护保养,还和科技人员一道攻关,解决了海上试验中遇到的技术难题,如压载铁的安装、水下灯光的调整、布放回收接口的设置等,并将自己的技术和心得体会毫无保留地传授给国家深海基地的技术人员,为海试的顺利进行和"蛟龙"号投入正规化的业务运行立下了汗马功劳。

顾秋亮说:"在海上工作生活确实很苦很累,但我感到很兴奋、很自豪。不管是晚上加班到半夜还是早上五点半起床保养潜器,不管日晒还是雨淋,我感到很光荣,能为海试出一分力,我很骄傲,因为在祖国的深潜记录中有我的汗水,光荣!"

怀揣崇高的使命感和荣誉感,他又担负起了新的挑战——组装4500米载人潜水器。顾秋亮仍坚守在科研生产第一线,为载人深潜事业不断书写我国深蓝乃至世界深蓝的奇迹默默奉献……

(二)崔蕴:中国新一代运载火箭"总装第一人"

【工匠档案】

崔蕴(图3-6),男,汉族,1961年8月出生,中共党员,大学专科学历,高级技

师，国务院特殊津贴专家，天津航天长征火箭制造有限公司总装车间副主任，火箭总体装配工，长征七号运载火箭总装技术负责人。

图 3-6 火箭总体装配专家 崔蕴

【工匠成就】

他对 500 多件装配工具全能熟练运用，大到发动机，小到螺丝钉，把火箭的结构牢牢"刻"在脑子里。因此，当新一代运载火箭的总装车间落户于天津时，他被选为火箭诞生前的最后一道关卡的"总把关人"。

【工匠故事】

1. 用生命制造火箭

2021 年 5 月 29 日 20 时 55 分，搭载天舟二号货运飞船的长征七号遥三运载火箭，在我国文昌航天发射场准时点火发射，发射取得圆满成功。最让人印象深刻的是，这是中国航天第一次两次终止发射、第三次发射成功的一次发射，也是中国低温推进剂加注后持续抢险时间最长、进舱人员最多、消耗抢险气瓶数量最多的一次火箭发射，这更是新一代运载火箭团队真正意义上的一次射前排故。带队抢险的这位老师傅就是天津航天长征火箭制造有限公司总装测试车间副主任崔蕴。

其实，这并不是崔蕴第一次参与射前抢险，也不是最紧急、最危险的一次抢险。1990 年 7 月 12 日，我国首发长征二号捆绑火箭发射前，助推器内部忽然出现泄露，如不迅速采取措施将给国家带来巨大的损失，而此时助推器里已充满四氧化二氮有毒气体，进去抢险就意味着九死一生。危急时刻，崔蕴没有犹豫，主动请缨，报名参加突击队，义无反顾地冲进助推器开展抢险作业。他很快找到了"惹祸"的密封圈，想用扳手去压紧，但不料密封圈已被腐蚀透了，稍微一拧，四氧化二氮像水柱一样喷出。崔蕴强忍痛苦、继续操作，最终排除故障，保住了火箭，而自己却陷入重度昏迷，生命危在旦夕。经过多次抢救，崔蕴死里逃生，但 75% 的肺部因毒气腐蚀而被切除。第二天，躺在病床上的崔蕴听到长征二号捆绑火箭发射成功的消息，这个因伤痛被憋得喘不上气都没有掉过泪的汉子，却流泪了。那一年崔蕴 29 岁，是抢险人员中最年轻的一位。

2021年4月26日，在长征五号B遥二运载火箭发射天和核心舱倒计时51小时的时刻，火箭一级氢地面增压单向阀突发故障，不能关闭，若不及时解决，燃料无法加注，发射势必受到影响。崔蕴不顾病弱身体，再一次站了出来，进舱指导阀门更换。舱内空间狭小、环境恶劣，需要半蹲操作，他一蹲就是四个小时。最终经过16个小时的连续奋战，顺利完成了阀门更换并测试合格，确保发射如期进行。这一年崔蕴60岁。

2. 展大国工匠风采

2014年起，新一代运载火箭长征五号、长征七号均进入关键研制阶段。面对新的事业、新的挑战，崔蕴不改初心，义无反顾投入到新一代运载火箭总装测试的组织管理和生产牵头工作，他带领年轻的总装测试团队不断开展攻关创新，先后设计并制造各类工装三十多台（套），创造性应用自动化对接等先进技术，实现了航天领域大部段对接装配由"手动模式"向"自动模式"的转变，开创了自动化对接的先河。他牵头研发的总装自动滚转设备，巧妙破解大直径箭体里技能工人无法灵活操作的难题，提高生产效率50%以上，并为后续更大直径运载火箭研制工作奠定坚实的理论基础和实践案例。

在崔蕴的传、帮、带下，一大批有能力、有朝气的青年技术、技能骨干脱颖而出。现在，崔蕴所带领的这支163名、平均年龄还不足30岁的青年团队已"打磨成型"，圆满完成了多次新型号的首飞任务以及探月、探火、空间站发射等国家重大宇航任务。

因为对中国航天做出的杰出贡献，崔蕴曾获中国质量工匠、全国劳动模范、2019年"大国工匠年度人物"、第五届天津市道德模范等荣誉称号。他所带领的团队荣获中国青年五四集体奖章、全国五四红旗团支部等荣誉。

心系航天，曾几度搏命，面对荣誉，崔蕴却说："受到这么多的关注，我感觉很惭愧，航空航天人中有无数个无名英雄值得被赞扬。"在自豪的同时，他觉得肩上的担子更重了。他说："航天精神就是拼搏精神，以国为重、以航空事业为重，新一代火箭产业基地人员相对比较年轻，这些孩子们就是未来的主力军，下一步，我要把自己的技术、经验各方面都传授给他们，带好这支队伍，为国家的航空航天事业做贡献。"

崔蕴从事航天事业三十多年，用生命铸箭，将一生都投入到火箭装配工作中。熟悉崔蕴的人都说，他就是为火箭而生。"魂牵梦绕，一生痴迷火箭；病弱身躯，担起擎天重任。"崔蕴，用执着守护心中的信仰，用生命热爱祖国的航天。

三、学习工匠

只做好一件事很容易，把每一件事都坚持做好就需要工匠精神。工匠精神是在工作上一丝不苟的严谨态度，是新时代社会发展和进步的使命呼唤，更是一个国家各行各业乃至经济发展的重要支撑。

青年人是有理想、有担当的一代，要坚守党的初心使命，做新时代的奋斗者，用奋斗擦亮青春的底色。青年人是新生力量，是时代发展的中坚力量，想要快速成长起来，就要在工作之中多听多问多干多学，学习追求卓越的创造精神、精益求精的品质精神、全心全意的服务精神。

(一) 张和平：中国益生菌拓荒人

【工匠档案】

张和平，男，汉族，教授，博士研究生导师，全国劳动模范（全国先进工作者），国家有突出贡献的中青年专家，国家杰出青年基金获得者；先后入选国家"万人计划"科技创新领军人才、国家百千万人才工程、全国农业科研杰出人才。现任内蒙古农业大学乳品生物技术与工程教育部重点实验室主任，农业农村部奶制品加工重点实验室主任，乳酸菌筛选与乳品发酵技术国家地方联合工程实验室主任，农村农业部发酵乳制品加工技术集成科研基地主任和国家奶牛产业技术体系乳制品加工研究室主任，第十四届全国政协委员，第十二届内蒙古自治区政协委员。

【工匠成就】

张和平，历经 20 年，跋山涉水采集微生物样本，建成了亚洲最大乳酸菌菌种资源库，经过认证的菌株高达 38000 多株，自主创立的优良菌株筛选技术和评价体系，先后采集筛选出干酪乳杆菌 Zhang、乳双歧杆菌 V9、植物乳杆菌 P-8 等多个我国原创益生菌菌株，成功打破国外企业在这一领域的垄断。这对于我国益生菌产业发展的意义重大。

【工匠故事】

1. 二十年寻"种"路

回看这 20 年，如果用一句话形容张和平的状态，那就是"永远在路上"，用张和平自己的话来说，"这是一个很艰辛的过程"。

为了尽可能地采集微生物样本，自 2001 年起，张和平带着他的团队跋山涉水，不仅走遍了疆域辽阔的中国牧区，甚至远赴欧洲、非洲、南美洲、大洋洲等多个地区，采集自然发酵乳制品（牛乳、马乳、驼乳、羊乳、牦牛乳、奶酪）、自然发酵食品（酸粥、泡菜、米酒、酸面团）等样品 5000 多份，分离、收集乳酸菌超过 38000 株。不管是人迹罕至的牧区，抑或是海拔 3000 多米的草原，都留下过张和平和他团队前进的足迹。

先进设备不足、科研人才短缺、研究经费紧张、地区观念落后……寻种路上障碍重重，但张和平不曾退缩，对他来说，这些年的艰难求索经历远没有寻"种"带给他的惊喜多。"我记得最深刻的是，我们曾经从内蒙古自治区锡林郭勒的一户传统牧民家里的酸马奶里面，成功筛选、分离出一株乳酸菌，我把它命名为干酪乳杆菌 Zhang，简称干酪 Zhang，现在它已经成为国内外知名的明星菌株。"

二十几年如一日的坚持与付出，张和平终于建成了亚洲最大乳酸菌菌种资源库，经过认证的菌株高达 38000 多株，这对于我国益生菌产业发展的意义十分重大。过去，我国益生菌产业最核心的菌株资源，长期被国外巨头公司控制，西方国家垄断了菌种发酵技术，我国大型企业发酵乳制品菌种几乎全部依靠进口，不仅生产成本高，更重要的是制约了我国乳酸菌产业和发酵乳制品的发展。张和平凭借他自主创立的优良菌株筛选技术和评价体系，先后采集筛选出干酪乳杆菌 Zhang、乳双歧杆菌 V9、植物乳杆菌 P-8 等多个我国原创益生菌菌株，成功打破国外企业在这一领域的垄断。

对张和平而言，比起科研成果，由他研发出的优质菌株代表国产益生菌在国际舞台上有了一席之地，显然是更值得自豪的成就，即使是一株小小的益生菌，也藏着一个强国的梦想。

2. 小生物大产业，助力现代农业强国

张和平和他的团队以推动我国益生菌产业发展为己任，奔跑在与国外企业竞赛的路上，使中国益生菌研发实力逐渐位于世界领先之列。现在，拥有超多年科研经历的张和平更是将研究视野转向更宏大的国家命题。他认为，农业微生物的研究与应用在建设农业产业现代化的路上"大有可为"。

"农业是关系到老百姓饭碗的问题，我们国家要建设现代化农业强国，需要方方面面的努力和进步。微生物的重要性目前还没有显现出来，但是它确实是非常重要的。"张和平说。

据张和平介绍，农业微生物主要是指与农业生产（种植业、养殖业）、农产品加工、农业生物技术及农业生态环境保护等有关的应用微生物的总称，具有高效、无污染、安全等多种优势特点，是一个正在新兴的战略型产业。微生物在农业的应用领域非常之广，例如：改善土壤微生物结构，提高农作物产量；用有益微生物取代抗生素，提升动物养殖的品质和安全；等等。

"如果没有一个好的种质库，谈利用都是一张白纸。所以我提出，要加大农业微生物种质库的建设，然后去开发和利用，为我们农业产业现代化做贡献。"这是张和平的心声，也是他为之努力的方向。

3. 从实验室到车间，让成果拥抱市场

"不能让我们的科研成果一直躺在实验室里。"张和平说，要将具有益生功效的乳酸菌带给大众，做基础研究和临床试验还远远不够，乳酸菌产业化生产是让乳酸菌跳出实验室，拥抱市场的重要一步。

在这个更具有现实意义的命题之下，张和平和他的团队进行了一系列技术研究，并成功研发出三大关键产业化技术——代谢调控培养技术、制剂活性加工技术、常温贮藏稳定技术。他们通过调控菌株生长关键点、解析菌体衰亡机理改善、优化配方和调控气体等方法，大大提高了益生菌的活性。目前，张和平团队研发的多个代表性益生菌菌株已投入生产并进入市场，出现在益生菌食品、酸奶、乳酸菌饮料、奶粉等各类产品中，令万千消费者受益，成功实现产业转化，为撬动中国益生菌产业更广阔的蓝海市场贡献能量。

多年步履不停，张和平的身后，是一代又一代科研人的坚守，让更多的中国菌走上世界舞台，让更好的中国菌造福国家与人民，这是他朴素又远大的梦想。

对张和平而言，探索中国菌的产业化之路就是他的强国梦。

(二) 郭晋龙：车间里走出的发明家

【工匠档案】

郭晋龙（图3-7），男，汉族，1957年12月出生，中共党员，原呼和浩特铁路局焊轨段高级工程师，现任呼和浩特城市交通投资建设集团有限公司地铁运营公司首席

顾问。曾两次荣获全国"五一劳动奖章"、全国劳动模范、全国优秀共产党员、全国知识型职工标兵、全国技术能手以及中华技能大奖等省部级以上荣誉41项。2021年8月，内蒙古自治区党委宣传部授予郭晋龙"北疆楷模"称号。

图 3-7 呼和浩特市城市交通投资建设集团有限公司地铁运营公司首席顾问 郭晋龙

【工匠成就】

郭晋龙在呼和浩特铁路局工作40多年间，在钢轨焊接工艺改进和焊轨设备研发等方面取得了丰硕的成果，研发出"钢轨焊缝双频正火设备及工艺"技术，获得国家科学技术进步奖二等奖。他成为全国铁路战线上第一位站上国家科学技术进步奖领奖台的技术工人。退休后，郭晋龙同志继续发挥余热，仍然坚守在轨道交通生产研发第一线，带队攻克多项行业技术难点，受到国内外同行的高度关注。

【工匠故事】

从一名只会换保险丝的电力工，成长为钢轨焊接电气设备维修领域的能手，靠的是什么？对呼和浩特市城市交通投资建设集团有限公司地铁运营公司首席顾问郭晋龙来说，靠的就是勇于创新的精神和永不服输、肯学善钻的劲头。工作40多年来，郭晋龙曾两次获得全国"五一劳动奖章"，并获得全国知识型职工标兵、全国劳动模范、中华技能大奖等荣誉。

郭晋龙共有7项成果获国家发明专利，11项成果获得实用新型专利。他牵头研发的"钢轨焊缝双频正火设备及工艺"技术，获得国家科学技术进步奖二等奖。他成为全国铁路系统第一位登上国家科学技术进步奖领奖台的技术工人。

1. 不怕吃苦爱琢磨

1975年，郭晋龙参加工作，从呼和浩特铁路电务工程队电力工做起，一干就是近十年。"在日复一日的工作中，我觉得人不能满足于现状，必须不断进步。我给自己设定了一个目标：从电力工'升级'为电工。"郭晋龙说，要实现这个目标，必须在学历和能力上一起下功夫。

郭晋龙报名参加当时全国总工会组织的职工读书自学活动，并利用休息时间去电

工班学习理论知识。一遍学不会，他就学两遍，学习材料不够就自己购买书籍。1985年，他终于如愿以偿成为一名工务修配厂电工。

功夫不负有心人。经过多年努力，郭晋龙专业技能不断提升，被单位破格聘为高级工人技师，并自主完成单位引进的瑞士钢轨焊接机的安装、调试及维修工作，还多次应邀前往全国各地研讨进口钢轨焊接机、钢轨接头精磨机、钢轨焊后除瘤机等设备在安装、调试、验收、抢修过程中遇到的故障问题和设计缺陷并提出改进方案。他提出的改进方案被多次采纳并应用于新设备升级更迭中，成为人们眼中的"蓝领专家"。

2. 不畏困难攀高峰

在郭晋龙办公室的书柜里，塞满了各类荣誉证书，其中让他感触最深的是凭借"钢轨焊缝双频正火设备及工艺"获得的2010年度国家科学技术进步奖二等奖。"因为难，所以倍感珍惜。"郭晋龙告诉记者，开始研究这个科研课题的时候，先不说技术上的困难，研究团队和资金方面的压力就让他差点儿喘不过气来。

郭晋龙当时所在的焊轨段职工人数并不多，段里为了提高生产效率、产品质量和增加职工收入，对科技创新非常重视，鼓励全体员工参与技改和科技创新工作。"鼓励归鼓励，可焊轨段毕竟不是科研单位，研发经费少，很难承担重大科研项目。"郭晋龙说："得知我想尝试'钢轨焊缝双频正火设备及工艺'项目研究时，有人劝我，人家有科研团队在从事相关研究，你既没有资金又没有团队，能比得过他们吗？"

难道就此放弃？郭晋龙不甘心。经过深思熟虑，他向公司申请启动项目研究，提出可行方案，并得到批准。为了这项课题，郭晋龙自筹资金近30万元，借用其他自动化设备厂的场地进行科研试验，并前往北京、上海等地参观展会，去西安、合肥、沈阳等地学习调研。经过不断摸索和试验，他历时3年完成的Ⅱ型钢轨焊缝双频正火设备及工艺，通过空载试验。

正是这种不服输的精神让郭晋龙在专业的道路上大踏步前行。2011年1月，改进后的"钢轨焊缝双频正火设备及工艺"获得了2010年度国家科学技术进步奖二等奖。2013年9月，投资270多亿元、总长340多千米的海南省西环线高铁线路，使用了钢轨焊接双频正火设备和工艺，正式通车后运行状况良好。

3. 不肯懈怠传技能

2017年底，郭晋龙从中国铁路呼和浩特局集团有限公司退休。他多次写申请报告希望能为铁路创新继续贡献力量。"多年来练就的过硬本领不能浪费了！"郭晋龙说。

2019年，在内蒙古自治区有关部门的安排下，郭晋龙进入呼和浩特市城市交通投资建设集团有限公司地铁运营公司担任首席顾问。他毫无保留地将自己的技能和经验传授给大家，帮助公司解决了很多设备技术上的难题，并培养出许多专业技术型人才。

郭晋龙的徒弟、呼和浩特市地铁运营有限公司供电中心设备技术室主办赵威告诉记者，自己入职后加入郭晋龙创新工作室，工作中得到细心指导和耐心帮助。"郭老师带领我们解决了呼和浩特市地铁1号线白

拓展阅读

培养更多适应新质生产力
发展的大国工匠

塔停车场钢轨绝缘节处打火及轨电位频繁动作的技术难题，有效防止了因钢轨电位装置频繁动作引起的杂散电流泄漏、腐蚀问题。像这样的项目还有很多，郭老师认真负责的态度和精益求精的工作风格使我受益良多，也帮助我成长为工作室的骨干成员。"

采访过程中，记者看到，郭晋龙的手机记事本中，有一条目录是"创新"。"这是我准备近期给年轻人讲的创新方面的一些感悟。希望在做好课题研究的同时，与更多年轻人分享自己的经历和经验，能够对他们的成长有所帮助。"郭晋龙说。

第二节 劳动模范

劳模精神是劳模运动的精神结晶，劳模运动是宣传、弘扬劳模精神的重要途径。当下中国开展的诸如"全国劳动模范评选"等活动的起源可以追溯到陕甘宁边区时期的劳模运动。陕甘宁边区（1937—1949年）包括陕西北部、甘肃东部和宁夏南部，是中国共产党的抗日根据地和革命根据地。1935年10月，党中央和中央红军长征到达陕北后，陕甘宁边区成为中国共产党的根据地中心、中共中央所在地。1937年9月，中国共产党按照革命的需要在陕甘宁革命根据地成立陕甘宁边区政府。陕甘宁边区总面积12.9万平方千米，有200万人口，下辖26个县，首府设在延安。在党中央的直接领导下，陕甘宁边区军民开展了轰轰烈烈的劳模运动。这一运动的开展，极大地激发了边区人民的劳动热情，在促进边区生产和建设发展的同时，支援了抗战，打破了国民党反动派疯狂的军事"围剿"和残酷的经济封锁，铸就了内涵丰富的劳模精神，谱写了我国劳模运动史上的新篇章。

一、认识劳模

劳动是推动人类社会进步的根本力量。正是因为劳动创造，我们拥有了历史的辉煌；正是因为劳动创造，我们拥有了今天的美好生活。在新中国历史上，劳模是工人阶级中一个闪光的群体。一个个灿若星辰的名字，不仅激励了一代代人，更是新中国不断向前发展的推进力量。

时传祥、王进喜、陈永贵……时代大潮浩浩汤汤，正是这一颗颗平凡而又不凡的小小"螺丝钉"，鼓舞自己也散播热能，牢牢锚定前行方向，埋头苦干、默默奉献，推动时代不断向前。下面让我们一起来学习和传承劳模精神吧！

（一）王进喜：中国工人阶级的先锋战士

【劳模档案】

王进喜（1923年10月8日—1970年11月15日）（图3-8），出生于甘肃省玉门县赤金堡，中国黑龙江省大庆市大庆油田石油工人。王进喜出生于一个贫苦家庭，玉门解放后他成为一名新中国石油工人，因用自己身体制服井喷而家喻户晓，人称"铁人"。1970年4月，王进喜被确诊为胃癌晚期。1970年11月15日23时42分，王进喜因胃癌医治无效不幸病逝，终年47岁。他为祖国石油工业的发展和社会主义建设立下

第三章 劳动·精神

了功勋,在创造了巨大物质财富的同时,还给我们留下了精神财富——"铁人"精神。

王进喜于 2009 年 9 月 10 日当选为 "100 位新中国成立以来感动中国人物"。2019 年 9 月 25 日,他被评选为 "最美奋斗者"。

图 3-8 "铁人"王进喜

【劳模故事】

王进喜出生于甘肃玉门县赤金堡一个贫穷的农民家庭。1938 年,王进喜进玉门油矿当童工。1949 年 9 月 25 日,玉门解放,王进喜通过考试成为新中国第一代钻井工人。艰苦的钻井生产实践,锻炼了他坚韧不拔的品格。1956 年 4 月 29 日,王进喜加入中国共产党。入党不久,王进喜成为贝乌 5 队队长。王进喜提出了 "月上千,年上万,祁连山上立标杆" 的口号,创下了月进尺 5009.3 米的全国钻井最高纪录。贝乌 5 队被命名为 "钢铁钻井队",王进喜被誉为 "钻井闯将"。

1959 年 9 月,王进喜被选为中华人民共和国成立 10 周年国庆观礼代表。王进喜到北京后,看到街上行驶的公共汽车上有人背着 "煤气包",问别人:"背那家伙干啥?" 人们告诉他:"因为没有汽油,烧的是煤气。" 他心想,我们这么大的国家没有汽油怎么行?他作为一个石油工人,深感责任重大。

1. 拼命也要拿下大油田

1960 年春天里的一声雷,传来了我国发现大庆油田的喜讯。毛主席和党中央决定集中优势兵力,在大庆展开一场规模空前的石油大会战。3 月 25 日,王进喜率 1205 钻井队到达大庆萨尔图车站。

1205 钻井队 60 多吨的钻机到了,因为没有吊车,躺在火车上卸不下来。王进喜说:"宁可少活 20 年,拼命也要拿下大油田。没有吊车,咱们有人在。毛主席不是说人是最可宝贵的吗?只要有人在,咱们就能想办法把钻机卸下来。" 全队的小伙子们一鼓作气,从清晨干到太阳偏西,硬是用绳子拉、撬杠撬、木块垫,把钻机从火车上卸了下来,运到井场。他们又花了三天三夜时间,把 40 米高的井架矗立在大荒原上。

没有打井用的水，王进喜组织职工到附近破冰取水，带领大家用脸盆端、水桶挑，硬是靠人力端水50多吨，保证按时开钻。王进喜在钻台上握住冰冷的刹把，纵情地大喊一声："开钻了！"正像王进喜后来在一首诗中所写的那样："石油工人一声吼，地球也要抖三抖！"

由于地层压力太大，第二口井打到700米时发生井喷。当时没有压井用的重晶石粉，王进喜决定用水泥代替；水泥需要搅拌机搅拌，现场没有搅拌机，右腿被砸伤的王进喜不顾腿伤，扔掉拐杖，带头跳进泥浆池，用身体搅拌泥浆。全队工人整整奋战了3个小时，险恶的井喷终于被压下去了。油井和钻机保住了，王进喜的身上却被碱性很强的泥浆烧出了水泡。

7月1日，会战指挥部召开庆祝建党39周年和大会战第一战役总结大会。会议表彰了王进喜、马德仁、段兴枝、薛国邦、朱洪昌5个人，把他们树立为大会战的"五面红旗"。1960年，王进喜带领1205钻井队共打井19口，完成进尺21258米，接连创造了六项纪录。1963年的一天，中国政府宣布：我国石油基本实现自给。"铁人"听到这个消息，高兴极了。为了提高钻井质量，王进喜和科技人员研制成功了控制井斜的"填满式钻井法"。他还在多年的钻井工作中摸索出一套高超的"钻井绝技"，能根据井下声音判断钻头磨损情况。

2. "铁人"精神

王进喜身上体现出来的"铁人精神"，激励了一代石油工人。大庆石油会战取得的成绩和"铁人"精神，得到了毛泽东的高度评价。1964年1月25日，《人民日报》刊出毛泽东的号召："工业学大庆"。

"文革"开始后，大庆油田生产受到严重干扰和破坏。1966年12月31日，王进喜毅然到北京向周总理汇报大庆油田生产的严峻形势。返回大庆后，他大声疾呼"大庆生产一天也不能停"。1969年4月，党的九大在北京召开，王进喜当选中央委员，受到了毛主席的接见。

3. 毛泽东、周恩来接见王进喜

1970年4月5日，全国石油工作会议在玉门召开。王进喜在会上疾呼要恢复光荣传统，提出"大庆产量要上四千万吨，全国产油一亿吨"等一系列远大的奋斗目标。玉门会议期间，王进喜胃病发作，到解放军301医院检查，被确诊为胃癌晚期。10月1日，王进喜抱病参加国庆观礼。国庆节刚过，他的病情急剧恶化。在昏迷中，他讲的都是有关大庆油田的事。11月初，他已经不能起床，对守候在他身旁的人说："让我回大庆看看吧，我想看看同志们，看看大庆油田。"临终前，王进喜用颤抖的手取出一个小纸包，交给守候在床前的一位领导同志。打开纸包，里面是他住院以来组织给他的补助款。王进喜说："这笔钱，请把它花到最需要的地方去，我不困难。"在场的人无不为之动容。王进喜又把300块钱交给他的弟弟王进邦，断断续续地说："看情况，我可能看不到咱妈了，妈这一辈子很苦，你就多替我尽孝道吧！"1970年11月15日23时42分，王进喜不幸病逝，享年47岁。18日，王进喜追悼会在北京八宝山革命烈士公墓举行，他的骨灰被安放在八宝山革命烈士公墓。1972年1月27日，《人民日报》刊发长篇通讯《中国工人阶级的先锋战士——铁人王进喜》，高度评价了王进喜的一生。

（二）陈永贵："大寨"奇迹的创造者

【劳模档案】

陈永贵（图3-9），1914年出生。1948年加入中国共产党。中华人民共和国成立初期，先后担任大寨村生产委员、村支部书记、农业生产合作社主任。后来，任大寨公社党委副书记。在环境非常恶劣的大寨村，他带领农民艰苦创业，从山下用扁担挑土上山造田，改善了当地人民的生活。他的事迹被中央政府肯定。毛泽东号召全国要"工业学大庆、农业学大寨"。

图3-9　陈永贵

1961年，任中共昔阳县委候补委员。1967年起，先后任山西省革委会副主任，中共昔阳县委书记，中共山西省委书记，晋中地委书记。1975—1980年，任国务院副总理。1980年9月，第五届全国人大三次会议接受了他关于解除其国务院副总理职务的请求。1983年，到北京东郊农场任顾问。1986年3月26日，在北京逝世，终年72岁。按其遗嘱，骨灰安放回大寨。

陈永贵先后被评为县、地区和全国劳动模范。

【劳模故事】

"穷山恶水"逐级成为榜样

大寨，地处太行山腹地山西省昔阳县的一个小山村，依虎头山而建，是典型的土石山区。中华人民共和国成立前的大寨，人称"穷山恶水"。大寨人祖祖辈辈赖以生存的耕地，不是远在山上，就是险在沟边，东一小块，西一小块。"山高石头多，出门就爬坡。地无三亩平，年年灾情多。""卖女儿，当乞丐，有女不嫁穷大寨。"这是老人们对大寨的形象概括。

这样恶劣的地形不仅让大寨人在农业上难有发展，亩产不到200斤，甚至还得时常担心温饱。宋立英是大寨第一位女共产党员，多年担任大寨村妇女主任。她的丈夫贾进财是大寨解放后第一任党支部书记，他发现陈永贵的能力之后就主动三次让贤。

1952年，陈永贵38岁。这个山里汉子目不识丁，但他知道自己家因为没有饭吃已

经先后饿死了 4 口人。

"有什么办法让这穷山沟多打点儿粮食?"陈永贵天天在"七沟八梁一面坡"上转悠。要粮食就要有土地,可大寨的土地在哪里?

陈永贵是一位勤于耕种又很有想法的能人。在陈永贵的带领下,大寨人历史上第一次如此紧密地团结在了一起,他们制定了"战天斗地"的狂想性规划。

从 1953 年到 1962 年,从初战白驼沟到三战狼窝掌,大寨人劈山填沟,重新安排山河,在 7 条山沟里垒起了总长 7.5 千米的 180 多条大坝;把 300 亩坡地垒成了水平梯田;把 4700 多块地修成了 2900 块,还新增加了 80 多亩良田。平均亩产从 65 千克上升到 385 千克,有的梯田的亩产量竟然超过 500 千克,这个产量甚至比当时江南一些地区的产量还要高。在中国农业最困难的三年经济困难时期,大寨不仅没有人挨饿,反而每人向国家上交余粮 400 多千克。

1959 年,陈永贵被树立为昔阳县农村党支部书记标兵,赴京参加国庆 10 周年庆典;12 月,晋中地委在昔阳县召开整风整社现场会,初步总结了大寨精神。出道较晚的大寨同抗战时业已出名的老典型白羊峪、刀把口并驾齐驱,被称为"昔阳三枝花"。

晋中地委上报的《关于开展学习陈永贵和大寨党支部领导方法的决定》,引起了山西省委高度重视。1960 年 2 月,中共山西省委发出通知,号召全省农村所有基层干部,开展学习陈永贵带头参加集体生产劳动、搞好生产及搞好工作的运动。6 月 18 日,《山西日报》发表长篇通讯《大寨支部是坚强的战斗堡垒》,充分肯定了陈永贵在领导农业生产和参加劳动中所做出的成绩;8 月 3 日,《山西日报》发表社论《陈永贵——支部书记的好榜样》。此后,省内去大寨参观的人陆陆续续地多了起来。

陈永贵识字不多,讲话却能讲出道道儿。他说,山外有山,天外有天。只有落后的干部,没有落后的群众。喊破嗓子不如做出样子。干部,干部,要先干一步,不先干一步,就不能当干部。大寨田是辛苦田,没有辛苦田哪有甜上甜。他那独特的充满太行山乡土气息的话,可以讲四五个小时不重复。

1963 年 3 月,山西省召开全省农业生产先进集体单位代表会议,会议再次号召向大寨和陈永贵学习,要求把大寨"当作全省农业战线上一面红旗"。

5 月 20 日,中共中央发出毛泽东主持起草的《关于目前农村工作若干问题的决定》。当时来大寨参观的领导人和记者都认为,陈永贵领导的大寨,全面、生动地体现了毛泽东的这个指示。于是,《人民日报》发表了长篇通讯《在农业阵地上——记昔阳大寨公社大寨大队党支部和支部书记陈永贵》。

同是 1963 年,东北松嫩平原传出振奋人心的消息,我国自主勘探开发的特大油田——大庆油田累计生产原油 1000 多万吨。

其时,正值我国经济面临严重困难之时。在此形势下,要鼓舞和引导人们在困难时期加强党的领导,团结依靠群众,振奋精神,自力更生、艰苦奋斗,共渡难关,迫切需要榜样和典范。而大庆和大寨,在这时候"横空出世"。1964 年 2 月 9 日,新华社播发《大寨之路》长篇通讯后,次日《人民日报》在头版重要位置刊出,配发了题为《用革命精神建设山区的榜样》的社论,中央人民广播电台和各地省报采用了这篇通讯。

一个小山村成为许多人心中的"圣地"

1964年3月,北方大地春色初萌,一列火车行驶在华北平原,那是毛泽东视察地方的专列。

3月23日,火车停靠河北邯郸站。河北省委、山西省委领导奉命向毛泽东汇报工作。专列上,山西省委第一书记陶鲁笳汇报了山西全省情况后,着重向毛泽东介绍了大寨和以陈永贵为支部书记的大队干部队伍。

随后,毛泽东每到一处,就讲大寨自力更生、艰苦奋斗的精神;讲陈永贵带头劳动,不讲特殊化,保持艰苦朴素的作风,说这是干部不脱离群众的好方法。毛泽东还说,要解决中国的粮食问题,没有大寨精神不行啊!

5月2日,中共中央印发的《第三个五年(1966—1970)农业发展计划的初步设想》概括出大寨经验与大寨精神。

12月21日,三届全国人大一次会议在人民大会堂举行。周恩来在政府工作报告中专门提到大寨,还脱稿讲了不少话,与会者深为大寨人和陈永贵的事迹所感动。

这个报告是经过毛泽东亲自审阅和修改的。报告把大寨的基本经验总结为:"政治挂帅、思想领先的原则,自力更生、艰苦奋斗的精神,爱国家、爱集体的共产主义风格。"这样,三届人大一次会议正式宣告了大寨红旗的升起。

1965年1月,毛泽东亲自主持制定《农村社会主义教育运动中目前提出的一些问题》。这份中央文件向全党号召,全国所有社(人民公社)、队(生产队)都要像大寨那样自力更生发展农业生产。

毛泽东很重视精神与物质的辩证关系,认为在一定条件下,精神可以变物质,物质可以变精神。农民群众发扬自力更生精神,可以大大提高农业生产力。

尽管三届人大一次会议把大寨树立为典型,但当时并没有明确提出"农业学大寨"这一口号。"农业学大寨"这一口号正式提出是在1966年8月12日。这天,经毛泽东同意,党的八届十一中全会在公报中第一次向全国发出号召:"工业学大庆,农业学大寨,全国学人民解放军,加强政治思想工作。"从此,"农业学大寨"这一口号传遍神州大地,轰轰烈烈的"农业学大寨"运动迅速在全国铺开,参观学习大寨的人如潮水般涌向大寨。

拓展阅读

时传祥:"宁愿一人脏 换来万家净"
(学习强国)

过去已成为历史,但精神永存。大寨人用自己的实际行动弘扬了自力更生、艰苦奋斗的精神和顽强向困难抗争的坚强意志,并以此极大鼓舞了全国人民,全国许多地方改造自然,兴修水利,大搞农田基本建设,至今仍然惠及百姓。无论社会进化到什么程度,自力更生、艰苦奋斗的精神永远不会过时。创业离不开自力更生、艰苦奋斗,发展也同样离不开自力更生、艰苦奋斗。贫穷时需要艰苦奋斗,富裕后仍需艰苦奋斗,唯此才能保持事业常青。20世纪60年代,大寨人靠着双手向穷山恶水宣战,成

为全国农业战线上的一面旗帜。大寨人没有躺在辉煌的功劳簿上,而是抓住改革开放和发展社会主义市场经济的良好机遇,跨出山门,走向市场,全方位开拓进取,开辟出了一番新天地。

——引自余玮《中华儿女》(有删减)

二、走进劳模

一个个劳模就在我们身边,像星星那般数不清却看得见。我们欣喜地发现,崇尚劳模、争当劳模、善待劳模如星星之火成燎原之势,这理当成为社会的主旋律、时代的最强音。

其实,劳模离我们并不远。众多劳模来自最基层、最普通的岗位,他们之所以会成为佼佼者,并非个个聪明绝顶,也不是事迹件件惊天动地,而是始终高标准地恪守岗位职责、严要求地做好本职工作。

那么,就让我们走进劳模,大力弘扬劳模精神,立足本职岗位,创业创新创造,干一行、爱一行、钻一行、精一行,在爱岗敬业中当好标兵,在改革创新中争做尖兵,在新常态发展中创造出彩的人生。

(一)郭锐:从中国制造到中国智造

【劳模档案】

郭锐(图3-10),男,汉族,1977年10月生,山东青岛人,中共党员,中车青岛四方机车车辆股份有限公司钳工首席技师、中国中车首席技能专家。近年来,郭锐荣获全国劳动模范、最美铁路人、全国"五一劳动奖章"、新时代铁路榜样、中华技能大奖、全国技术能手、泰山产业领军人才、山东省首席技师、振超技能大奖等50多项国家级、省市级荣誉。2018年,他当选第十三届全国人大代表,并作为产业工人代表亮相首次两会"代表通道"。2022年,他当选党的二十大代表,是高铁装备行业唯一一名一线工人代表。

图3-10 中车青岛四方机车车辆股份有限公司
钳工首席技师、中国中车首席技能专家 郭锐

【劳模故事】

1. 严卡每一个细节　实现技术从追赶到领先

工作日的早晨，6时不到，郭锐已经起床了，6时20分坐上班车，8时准时和转向架"面对面"，开始一天的工作。

"复兴号"动车组上有50多万个零部件，转向架是核心部件。一列高速动车组转向架，装配的直接相关部件有上千个，装配尺寸数据记录上万个。

"复兴号"转向架轮对轴箱组装所用的轴箱体是分体式轴箱，组装过程中要求装配后的装配精度必须小于0.04毫米，因此，组装过程中的每一个细节都十分重要。这就是郭锐每天的工作内容和工作标准。

为了攻克转向架装配的关键技术，郭锐和同事像着了魔似的，整天泡在工厂不着家、通宵达旦试验总结。为了摸清所有的数据，他们做了1000多次装配论证试验，工作笔记写了约10万字，查阅的资料堆起来有2米多高。仅仅54天，他们就破解了这项难题。

高速动车组转向架大批量制造后，原来的装配效率跟不上进度需求。为破解这一难题，郭锐和技术团队结合不同车型转向架的装配工艺，编制了《高速动车组转向架装配作业要领书》，这本书后来成为实用的现场作业标准。

2006年至今，从"和谐号"到"复兴号"，从运营时速200千米到350千米，各个速度等级的高速动车组，高速动车组转向架装配的生产体系、技术标准在郭锐他们手中一点一点地建立，技术持续提升直到世界领先。

2. 打造"大国重器"　为中国高铁代言

郭锐的父亲是一名钳工，郭锐童年时期，父亲经常像变戏法一样制作出各种物品。这门技术让郭锐非常着迷。1994年初中毕业后，郭锐决定上技校，毕业后当钳工。少年郭锐的人生理想是成为一名比父亲更优秀的钳工。

1997年从技校毕业后，郭锐被分配到四方机车厂（中车青岛四方机车车辆股份有限公司的前身）液力传动分厂，从事机车车辆核心部件液力变扭箱的组装、试验工作。

郭锐20岁进厂工作，27岁就获得了青岛市"钳工状元"称号，从中级工到高级技师仅用了7年。他4次获得青岛市职业技能大赛钳工第一名，2012年在山东省第四届职工职业技能大赛中夺得山东省"钳工状元"，2012年代表山东省参加第四届全国职工职业技能大赛获得钳工第七名……

在"大国重器"主题演讲比赛中获得金奖的郭锐自豪地说："我为中国高铁代言！"

从少年到中年，从9岁"铁匠"到"大国工匠"，工作22年，郭锐的履历上写满了"担当"二字，对家如此，对铁路如此，对国家亦是如此。

3. 创建大师工作室　让"智慧原子"能量扩散

在中国第一代高铁人的大团队中，郭锐是一枚"智慧原子"。他独创的《动车组齿轮箱G侧游隙检测先进操作法》使转向架齿轮箱检修效率提高了30%，获中国中车集团有限公司先进操作法一等奖。他独创的《动车组转向架四点等高支撑调整作业先进操作法》使转向架的装配效率提高了3倍，装配精度和装配质量大幅提升，仅此一项，累计为公司创造经济效益1200万元。

10多年里，郭锐先后在转向架分厂的许多班组中轮岗。这让郭锐的专业知识和专业技能不断丰富。他不断开展各类技术革新、质量攻关，解决技术难题，优化工艺，转向架组装工艺的整个流程图逐渐印刻在他的大脑中。郭锐不再只是一个操作工人，而是解决现场疑难杂症的专家和工业工程方面的专家，能够站在转向架整个生产流程系统的高度去分析和解决问题。

为了让这枚"智慧原子"迸发出更多能量，以郭锐名字命名的"郭锐劳模创新工作室"和"郭锐技能大师工作室"成立了。由郭锐带领的工作室自成立以来，完成了192项攻关课题，解决了350多项现场技术难题，研究出了140项应用在生产线上的绝招绝技，创造经济效益4000余万元。

近年来，在高速动车组生产一线，大专院校毕业生成为主力，郭锐以师带徒的方式，帮助本科生、研究生理解"智能制造"的生产操作内涵，培养既有理论又懂操作的高技能人才队伍。目前，郭锐的徒弟中，11人成长为公司高级技师，12人成长为公司技师，13人成长为中国中车核心技能人才。

从一名普通工人到技能大师，郭锐身上体现出来的是刻苦钻研、勇于创新的精神，正是中国高铁人精神的现实表达，也正因为有许许多多像郭锐一样拥有技术实力的现代产业工人，才让中国高铁这张名片有了坚实的底色，中国制造走向中国智造有了实力。

（二）周皓：精益求精　争当匠才

【劳模档案】

周皓（图3-11），男，汉族，1980年1月生，内蒙古奈曼旗人，在职大学学历，1999年8月参加工作，2002年12月加入中国共产党。中共十九大、二十大代表。现任中国科学院深海科学与工程研究所工程实验室钳工、中共海南省委候补委员。

图3-11　中科院深海所钳工、高级技师　周皓

2007、2013年，周皓两次荣获辽宁省阜新市"市长杯"职工职业技能竞赛钳工状

元（同时荣获市"劳动模范"和"首席员工"称号）。2014年获全国"五一劳动奖章"。2015年，荣获"全国劳动模范"称号。2015年，荣获"辽宁省功勋高技能人才"称号。2017年9月，荣获"天涯工匠"称号。2019年4月，荣获第23届"中国青年五四奖章"。2020年11月，获得2019年"大国工匠年度人物"荣誉称号。2021年6月4日，获得"中华技能大奖"。

【劳模故事】

1. 练成钳工技师

周皓19岁从普通技校毕业后，心里就有一股劲儿："我没考上好学校，让父母失望了，但即使是做工人，我也要做行业里最优秀的。"因此，1999年至2015年，在辽宁省阜新矿业集团机械制造公司工作期间的他十分珍惜这个来之不易的工作机会。对于钳工所需要的技术本领，他认认真真地跟师傅学习技能，主动找活干，下班还找来相关书籍进行钻研，成为同龄人眼中的"傻小子"。

周皓的刻苦学习精神，也让厂里十几位老师傅备受感染，他们都悉心地将身上的本事教授给他。于是，周皓在工厂两年内就从初级技工晋升为钳工技师，还熟练地掌握车、铣、刨、钻、镗等多个机加工设备的操作技能。

周皓对公司给予他学习、工作的机会一直都心存感激，即使是在公司效益不好的时候，他也继续在工作岗位上一丝不苟地完成各种工作，经过他手加工改装的设备，合格率达100%，使用寿命也更长。周皓也被"老东家"称为"建厂70年来唯一一个所有设备都会操作的工人"，收获"辽宁省功勋高技能人才""全国劳动模范"等诸多荣誉。

2. 护驾深海科考

2016年3月，希望在技术领域再突破的周皓加入了中国科学院深海科学与工程研究所，成为一名维护深海科考装备的钳工。对于新的工作机会，以及领导对自己家庭的照顾，周皓心中充满着感恩之情，决心要做出成绩来报答。

为了尽快掌握新技术，周皓在实验室时常加班到天亮，他还借来各种深海装备的技术资料，争分夺秒地仔细研读。这种拼命的学习精神让他3个月就对各种技术了如指掌，也让他得以在2016年6月参加深海所"探索一号"科考船首航马里亚纳海沟开展深渊科考时的随航保障任务。

三次远赴马里亚纳海沟科考，对天生晕船的周皓来说，无疑是巨大的挑战。他在起航的头7天里甚至吐到肚皮抽筋。但当装备出故障时，他必须强打精神全身心投入解决问题。其中一次深渊科考，太平洋上极其恶劣的海况损坏了不少设备。而当时科考船上没有现成的零件和机加工设备，怎么办？紧急之下，周皓拆下了10毫米厚的不锈钢电子舱盖板，用纯手工打磨的方式，花了将近40个小时，一点儿一点儿将钢板磨成一个全新的零件，深海仪器终于被修好并成功布放。

在国产4500米载人潜水器"深海勇士"号总装工作中，水平尾翼轴承基座由于焊接变形安装后转轴无法旋转，最终是周皓提出修平法，经过4天手工修磨才调整成功，得到总设计师胡震等专家的高度认可。

3. 差不多就是差很多

谈到自己的工作，周皓表示："在机械行业里面，从来就没有差不多就行了。我始终认为，差不多就是差很多。"凭着精益求精的工匠精神，周皓手工加工的零部件精度达到 0.003 毫米以内，成为一名为大国重器保驾护航的高技术人才。"有周技工在，我们出海科考就很安心"，跟周皓合作过的很多科研人员都对他赞不绝口。

周皓兢兢业业工作 20 多年，从一名普通技校生，成长为为中国深海科考创造多项纪录、国产深海设备突破万米挑战保驾护航的"深海匠人"。

相较于荣誉，周皓表达的更多的是对于工作的感恩之情，"我没有多么伟大，我只是在做我应该做的事。学了那么久，如今能有一个岗位发挥我的技能，这对于我来说，比任何的荣誉更重要"。

拓展阅读

薛莹：做好大飞机上的小铆钉

三、学习劳模

劳动者之所以能成为劳模，大多数并不是因为他们"聪明绝顶"，也并不是因为他们的事迹有多么"惊天动地"，而是因为他们长期坚持、高标准做好本职工作。

我们和劳模的差距在哪里？也许就在这么"一点点"：业余时间多学习一点儿，工作之中多琢磨一点儿，遇到困难多坚持一点儿，为企业为他人多投入一点儿……有了这"一点点"的累积，我们发挥的光和热也能多一点儿，社会价值能多体现一点儿，职业生涯也能走得更潇洒一点儿。

看劳模好像远在天边，做劳模其实近在眼前。众多劳模都来自普通劳动者，每一名劳动者心中都有对美好生活的梦想。"梦在前方，路在脚下"，要实现这些梦想，靠的是我们每个人的付出与努力、执着与坚持。劳模的榜样力量，就在于我们可以从他们身上获得激励，走出自己的成功之路。

（一）孟根花：心有责任　笃行担当

【劳模档案】

孟根花（图 3-12）现在是内蒙古伊利实业集团股份有限公司奶粉事业部质量管理部质量副总监。她 1998 年入职伊利集团奶粉事业部，多年来一直在生产一线从事质量检验与食品安全风险体系研究工作。在工作岗位上，她善于学习、勤于思考，深入钻研、创新乳粉最精准、最快、最有效的检测方法，建立企业标准，不仅保证了乳粉产品从原料到产品全链条风险可控，而且让伊利集团的乳粉检验技术走在世界最前沿。她始终将产品质量放在首位，坚守"伊利即品质"的信念，聚焦"全球最优品质"，为伊利奶粉的质量保驾护航。2018 年，孟根花荣获全国"五一劳动奖章"。2020 年，她荣膺"全国劳动模范"荣誉称号。

第三章 劳动·精神

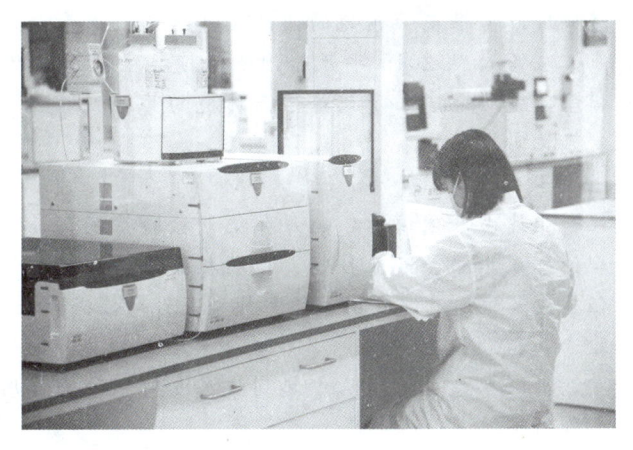

图 3-12 孟根花

【劳模故事】

1. 引领行业质量检验

孟根花说，在质量检验岗位工作 16 年，她和团队陆续引进了高效液相色谱仪、原子吸收光谱仪、气相色谱仪、高效液相色谱联用质谱仪、气相色谱联用质谱仪、离子色谱仪等高精密检验设备及专业人员，并带领团队通过不断学习、积累数据、研究钻研新技术，陆续新增维生素、矿物质、重金属、非法添加物、真菌毒素、农药残留、兽药残留、有机污染物和微生物等 178 个新项目的检测；并统筹利用国内外行业资源，比对研究国内外方法差异，对 AOAC（美国分析化学家协会）、ISO（国际标准化组织）共 74 项指标 161 个国际检验方法识别差异点，开展了 45 项国际和国标方法的对比验证，优化了 146 个检验方法标准，成功地建立了婴幼儿配方乳粉生产监测整套检验方法标准，指导并应用于国内外工厂开展监测，为其提供了最精准的检验数据。

2012 年开始，通过与国际企业对标、调研仪器供应商等方式，她和团队引入流动注射分析仪、X 射线荧光光谱仪、荧光定量 PCR 仪等快速检验设备，实现了对奶粉中硝酸盐、亚硝酸盐、矿物质、克罗诺杆菌属、沙门氏菌等指标的快速检测。亚硝酸盐、硝酸盐检测一个样品从原有的 240 分钟缩短到现在仅要 5 分钟就可出具准确数据，分析速度提高 48 倍；X 射线荧光光谱法快速检测奶粉中钙、铁、锌等 8 种矿物质含量只需 20 分钟便可以完成，而使用国标方法则需要 480 分钟的时间，检测速度提升 24 倍；使用荧光定量 PCR 法检测克罗诺杆菌属时间由 4 天缩短为 2 天。这些快速检验方法不仅提高了检验方法灵敏度，而且极大地降低了检验人员的工作强度和试剂的消耗量，成功达到了行业领先水平。

2. 持续学习，不断突破

孟根花不仅在检验方法上力求突破，还一直持续不断地学习研究食品安全标准法规、食品安全风险分析模型，在伊利集团 727 模型基础上搭建了奶粉事业部食品安全风险管控体系。拓展运用高通量技术、菌株溯源等多技术多渠道对已知和未知风险进行识别，制定了 184 项奶粉产品、449 项原辅料指标的监控计划，建立了风险数据库，从风险识别、风险监测到风险管理，保证了从源头到终端的每一个食品安全和质量控制关键点的监测、分析、把控、预防，全面实现了从原料到产品全链条风险可控。在

生产环境微生物研究领域，孟根花带领她的团队展开了全新探索，为了实现微生物菌株溯源，保障生产加工安全，从2015年开始，他们搜集生产加工环境中菌株基因图谱，运用聚类分析模型，成功地建立了奶粉生产环境的菌株溯源数据库，为企业微生物溯源管控工作奠定了扎实基础。

3. 带头推动队伍建设

孟根花特别关注专业技术人才培养，她每年策划检验系统人员提升工作，通过策划提升检验人员的理论知识水平、专业技能、检验相关法律法规知识、系统改善能力来夯实检验系统队伍建设。她通过建立岗位能力模型来针对性提升人员能力，5年时间培养出9名内部检验专家和49名检验能手，覆盖4大专业领域。他们指导和服务于国内及海外工厂实验室，不仅在各自的团队中起到技术支持和带头作用，同时对各工厂精准检验发挥了重大作用。

20多年来，孟根花始终保持精益求精的创新精神，不断钻研、探索并搭建起食品安全风险防控体系，持续不断研究乳制品检验方法，引入先进检验设备提升效率，多方位培养技术人才，在食品安全风险防控管理和技术创新上的多项举措，不仅在业务上取得了重大突破，也做到了行业领先，成就了今天的伊利品质。

《呼和浩特日报》记者　吕会生（有删减）

（二）崔文静：愿化春泥更护花

【劳模档案】

崔文静（图3-13），1984年出生在内蒙古呼和浩特市的一个普通家庭。受到启蒙老师的影响，她从小立志做一名教师，教书育人。30岁时，她拿到工学博士学位，入校从教。现任内蒙古化工职业学院教师。

图3-13　内蒙古化工职业学院化学工程系教师　崔文静

【劳模故事】

1. 恪尽职守，衣带渐宽终不悔

崔文静热爱教育事业，忠于教育事业。多年来，她同时担任专业课教师、学生工作辅导员以及党支部书记等多项工作；参与中国特色高水平高职专业群的申报及建设任务；参与完成了国家级工业分析技术专业教学诊断与改进和验收工作；组织申报并

建设教育部首批高校党建"双创"样板支部、自治区最强党支部。近几年，她获得了教育部课程思政教学名师、自治区最美教师、学院优秀共产党员、优秀班主任、社团优秀指导教师等称号，并荣获了教学成果突出贡献奖等多项荣誉。

对待工作，她倾注了全部精力，常常牺牲吃饭和睡觉的时间。领导和同事经常劝她注意身体，她表示自己年轻身体好，工作使她的人生更有意义。"衣带渐宽终不悔，为伊消得人憔悴。"这就是一名教育工作者最朴实的理想和追求。

2. 锐意进取，为有源头活水来

教育者应当先受教育，她深知只有不断学习，才能成为一名优秀教师。从事教育工作约10年，她从没休息过一个寒暑假，坚持去企业提升实践技能。化工企业都远在工业园区，没有方便的交通工具，她就在企业吃住。2018年，她把不满一周岁的儿子托付给婆婆照顾，自己住进企业学习。潜心的研究开阔了她的视野，提升了她的专业水平。4年里，她先后去过7个大型化工企业，有计划地学习了内蒙古自治区化工生产典型工艺的新技术、新工艺、新设备，大大丰富了实践教学资源。艰苦、努力地学习，换来了工作中的挥洒自如、游刃有余。她专业能力快速提升，教学质量连创新高，教研科研齐头并进。

3. 潜心育人，一片冰心在玉壶

对待学生，她力图使自己无愧于"人类灵魂的工程师"这一崇高称号。她秉持"学生的未来就是教师的未来，学生的发展就是专业的发展"的理念。她坚信优秀教师并不是将知识强加于学生，而是带领学生超越现状，来到更高的领域和层面，让学习能力成为一种习惯和素养。

鉴于学生缺乏吃苦耐劳的拼搏精神，且规范操作的意识和担当精神不足，她带领团队教师积极承担育人责任，落实课程思政，深入挖掘"化工安全技术"课程所蕴含的思想政治教育元素。在她的带领下，"化工安全技术"课获评国家级课程思政示范课。

她在课堂中"以学生为中心"，采用案例式教学和分组教学等方法，设计师生配合探究和极限任务挑战等教学活动，潜移默化地将思政教育融入课程，引导学生从厌学情绪中走出来。她的教学实践，以知识技能的传授为载体，开启了学生心智，唤醒了高职学生的激情。

4. 无私奉献，愿化春泥更护花

她总说："没有诚挚的爱，就没有成功的教育。"在平时的工作中，她真诚地热爱学生，对教育工作倾注满腔热情，白天走进教学一线，指导和帮助教师完成具体工作，晚上回到家里，还要备课写材料。她是两个孩子的妈妈，陪伴和照顾孩子的时间却少之又少，为此她深感愧疚。也许她不是好妈妈、好女儿、好妻子，但是她是个好老师。为了让更多的学生受益，她致力于总结推广课程改革的经验和做法，多次在全国、全区、全院范围内做课程思政改革的经验分享，为广大教师们提供可借鉴的思路。2022年9月，她的育人故事在中国教育电视台"职业教育改革发展"栏目被作为典型案例推广报道。

她在自己的工作岗位中踏实工作，用火一样的热忱投身于教育事业，感染和影响着身边的师生们，成为一名在高职教育中默默耕耘的奉献者、化作春泥的护花者。

第三节 劳动精神

一、内涵解读

中国特色社会主义进入新时代，劳动精神成为中国共产党精神谱系的重要内容，也成为新时代精神的重要组成部分。新时代劳动精神的科学内涵包括崇尚劳动、热爱劳动、辛勤劳动、诚实劳动。新时代劳动精神彰显了中国共产党精神谱系的时代内容。它是以改革创新为核心的时代精神的生动体现，满足了社会主义精神文明的内在要求，符合社会主义先进文化的价值指向。弘扬和培育新时代劳动精神，要树立劳动者主人翁意识，发挥首创精神；要提高劳动者素质，要建设知识型、技能型、创新型劳动者大军；要全方位、多领域、各阶段开展劳动教育，培养时代新人；要完善劳动政策和保障，实现好、维护好、发展好劳动者合法权益。

（一）深刻理解劳动精神的丰富内涵

劳动精神，是对劳动者应具有的良好的劳动态度、劳动品格、劳动操守和劳动风范的统称，是劳动者优秀劳动意识、劳动理念、劳动态度、劳动习惯的集中展现。劳动精神是人的主体性的彰显和人的本质力量的外化，也是劳动者对人类发展和社会进步的理性认知与感性实践的精神结晶。

习近平总书记在 2020 年 11 月 24 日召开的全国劳动模范和先进工作者表彰大会上，明确地将劳动精神的内涵概括为四个方面：崇尚劳动、热爱劳动、辛勤劳动、诚实劳动。这为我们正确理解劳动精神提供了根本的遵循。

1. 崇尚劳动

劳动精神第一个层面的含义，就是崇尚劳动。崇尚意为尊重而推崇，为什么要尊重而推崇劳动呢？因为劳动在人类发展和社会进步中发挥着至关重要、须臾不可或缺的作用。马克思认为：劳动不仅是谋生的手段、幸福的源泉、价值的来源，而且是推动人类社会发展的强大动力和彻底解放人类的必要途径。习近平总书记高度强调劳动之于人类发展、社会进步和党的建设的巨大意义，认为"劳动是人类的本质活动，劳动光荣、创造伟大是对人类文明进步规律的重要诠释"[1]，"劳动是推动人类社会进步的根本力量"[2]，"全面建成小康社会，进而建成富强民主文明和谐的社会主义现代化国家，根本上靠劳动、靠劳动者创造"[3]，"劳动，是共产党人保持政治本色的重要途径，是共产党人保持政治肌体健康的重要手段，也是共产党人发扬优良作风、自觉抵御'四风'的重要保障"[4]。

劳动的巨大作用，决定了劳动和劳动者理应受到全社会的尊重和推崇。崇尚劳动就是要推许劳动之美、认可劳动者的价值与地位。习近平总书记曾经多次在不同场合

---

[1] 2015 年 4 月 28 日，习近平在庆祝"五一"国际劳动节暨表彰全国劳动模范和先进工作者大会上的讲话
[2] 2013 年 4 月 28 日，习近平在同全国劳动模范代表座谈时的讲话
[3] 2015 年 4 月 28 日，习近平在庆祝"五一"国际劳动节暨表彰全国劳动模范和先进工作者大会上的讲话
[4] 2014 年 4 月 30 日，习近平在乌鲁木齐接见劳动模范和先进工作者、先进人物代表时的讲话

礼赞了广大劳动者，强调"光荣属于劳动者，幸福属于劳动者"[1]，强调要充分调动广大劳动人民的积极性、主动性和创造性，强调无论时代条件如何变化，我们始终都要崇尚劳动、尊重劳动者，始终重视发挥工人阶级和广大劳动群众的主力军作用，必须牢固树立劳动最光荣、劳动最崇高、劳动最伟大、劳动最美丽的观念。习近平总书记还强调，"劳动没有高低贵贱之分，任何一份职业都很光荣"[2]，"任何时候任何人都不能看不起普通劳动者"[3]。习近平总书记的这些重要讲话意在强调，虽然人们的社会分工不同、收入和待遇不同、所处的岗位和工作环境不同，但都是社会主义劳动者，都通过自己独特的方式为社会做贡献，因此都应得到人们的广泛承认，都应受到社会的普遍尊重。

2. 热爱劳动

劳动精神第二个层面的含义，就是热爱劳动。热爱是一种积极的情感，是驱动人们做出某种行为的强大动力。只有爱得深沉，才能行得执着；只有热爱劳动，才能吃苦耐劳、任劳任怨、不计报酬、不计代价。热爱劳动是中华民族的传统美德和优秀文化基因，也是党和国家对广大劳动者的殷切希望。习近平总书记强调要求全社会都要热爱劳动，都要以辛勤劳动为荣，以好逸恶劳为耻，要教育孩子们从小热爱劳动、热爱创造，通过劳动和创造播种希望、收获果实，也通过劳动和创造磨炼意志、提高自己。

热爱劳动的情感源于劳动本身。热爱劳动是劳动过程中自我本质确证、劳动成果外部鼓舞和劳动交往中他者认同的结果，又激发着人们以更昂扬的热情投身劳动。通过劳动，人们确证了自己的本质，收获了充裕的物质财富和精神财富，还赢得了他人的广泛赞许，而这些又会进一步激发人们的劳动热情和愿望。而不参加劳动、不愿意劳动的人，是很难真正体验到劳动的快乐，也很难真正生发对劳动的热爱和对劳动者的尊重的。

3. 辛勤劳动

劳动精神第三个层面的含义，就是辛勤劳动。如果说崇尚劳动、热爱劳动还是一种思想倾向的话，辛勤劳动则是一种活生生的社会实践。辛勤劳动就是对劳动的积极投入和倾心付出，其基本表现就是流大汗、吃大苦、创大业。

辛勤劳动是获得成功的必要条件，也是实现个人梦想和中华民族伟大复兴的重要前提。中国古代先贤提出的"功崇惟志，业广惟勤""民生在勤，勤则不匮"等名言警句，都旨在强调辛勤劳动之于干事创业的重要作用。习近平总书记也高度重视辛勤劳动的巨大意义，强调"中华民族伟大复兴，绝不是轻轻松松、敲锣打鼓就能实现的。全党必须准备付出更为艰巨、更为艰苦的努力"[4]；幸福都是奋斗出来的，新时代所取得的一切成就，都是全国各族人民撸起袖子干出来的，是新时代奋斗者挥洒汗水拼出来的。只要辛勤劳动，就可以实现个人梦想，就可以将中华民族伟大复兴的美好愿望转化为活生生的现实，在新时代新发展阶段，"全社会都要以辛勤劳动为荣、以好逸恶

---

[1] 2020年11月24日，习近平总书记在全国劳动模范和先进工作者表彰大会上的讲话
[2] 2016年4月26日，习近平在知识分子、劳动模范、青年代表座谈会上的讲话
[3] 2015年4月28日，习近平在庆祝"五一"国际劳动节暨表彰全国劳动模范和先进工作者大会上的讲话
[4] 习近平：《决胜全面建成小康社会 夺取新时代中国特色社会主义伟大胜利——在中国共产党第十九次全国代表大会上的报告》（2017年10月18日）

劳为耻"，全体社会主义劳动者都要大力发扬辛勤劳动精神，都要通过辛勤劳动锻造"敢干"的担当、"真干"的决心和"苦干"的意志，通过辛勤劳动建设美好生活、实现中华民族伟大复兴的宏伟梦想。

4. 诚实劳动

劳动精神第四个层面的含义，就是诚实劳动。诚实劳动是辛勤劳动和创造性劳动的道德要求和内在规范。所谓诚实劳动，就是踏实地劳动、实在地工作，不弄虚作假，不投机取巧，不自欺欺人，不搞形式主义，不贪图不劳而获的生活。诚实，是社会的基本道德规范和要求，诚实劳动，既是个人、企业和组织长足发展的重要基础，也是社会良性运行的根本保障。习近平总书记指出，"人世间的美好梦想，只有通过诚实劳动才能实现；发展中的各种难题，只有通过诚实劳动才能破解；生命里的一切辉煌，只有通过诚实劳动才能铸就"[①]，反复强调诚实劳动之于个人和社会发展的重要性。离开了诚实劳动这一基础和保障，个人、企业、组织和社会就如同立基于沙滩上的建筑，随时都有坍塌的危险。

诚实劳动的巨大意义，决定了新时代新发展阶段弘扬诚实劳动精神的必要性和紧迫性。习近平总书记高度重视诚实劳动精神的培育，强调"要在全社会大力弘扬劳动精神，提倡通过诚实劳动来实现人生的梦想、改变自己的命运，反对一切不劳而获、投机取巧、贪图享乐的思想"[②]。习近平总书记的重要论述，为新时代新发展阶段培育诚实劳动精神指明了正确方向。

无论是贯彻新发展理念、构建新发展格局、推动高质量发展，还是促进全体人民共同富裕，归根到底都要靠全体社会主义劳动者的辛勤劳动、诚实劳动、创造性劳动，全党、全社会都要大力弘扬"崇尚劳动、热爱劳动、辛勤劳动、诚实劳动"的劳动精神，着力营造尊崇劳动、勤勉工作、脚踏实地、开拓创新的良好社会文化氛围，广泛凝聚起创造新辉煌的磅礴力量。

（作者郑兴刚，系广东省习近平新时代中国特色社会主义思想研究中心特约研究员、五邑大学马克思主义学院副院长）（有改动）

（二）深刻把握劳动精神的科学内涵和时代价值

在长期实践中，我们培育形成了爱岗敬业、争创一流、艰苦奋斗、勇于创新、淡泊名利、甘于奉献的劳模精神，崇尚劳动、热爱劳动、辛勤劳动、诚实劳动的劳动精神，执着专注、精益求精、一丝不苟、追求卓越的工匠精神。劳模精神、劳动精神、工匠精神是以爱国主义为核心的民族精神和以改革创新为核心的时代精神的生动体现，是鼓舞全党全国各族人民风雨无阻、勇敢前进的强大精神动力。

——习近平总书记在全国劳动模范和先进工作者表彰大会上的讲话（2020年11月24日）

2020年11月24日，习近平总书记在全国劳动模范和先进工作者表彰大会上指出，在长期实践中，我们培育形成了崇尚劳动、热爱劳动、辛勤劳动、诚实劳动的劳动精神。劳动精神，内涵丰富、意境深远、跨越时空、历久弥新。新时代弘扬劳动精神，

---

① 2013年4月28日，习近平在同全国劳动模范代表座谈时的讲话
② 2016年，习近平于安徽合肥在知识分子、劳动模范、青年代表座谈会上的讲话

对于实现中华民族伟大复兴、全面建设社会主义现代化国家、培育担当民族复兴重任的时代新人，具有重大现实意义和深远历史意义。

1. 劳动精神有深厚文化底蕴、科学理论指引和坚实实践基础

劳动创造了人，劳动是人类文明的基石。劳动是人类所特有的一种有意识有目的的社会实践活动，是人的生存条件和存在方式，也是人类社会存在和发展的基础。所谓劳动精神则是关于劳动的理念认知、价值追求和劳动状态、行为实践的集中体现。在长期实践中，我们培育形成的崇尚劳动、热爱劳动、辛勤劳动、诚实劳动的劳动精神，具有深厚的文化底蕴、科学的理论指引和坚实的实践基础。

劳动精神是中华民族优秀传统文化的赓续传承，劳动精神自古以来就流淌在中华民族血脉之中。盘古开天成就天地方圆，大禹治水开启华夏文明；一部《诗经》礼赞劳动人民，"四大发明"凝聚劳动者的智慧。博大精深、辉煌灿烂的中华文明是生生不息的中华民族以辛勤劳动创造的。无论是回望历史，还是展望未来，劳动精神始终是中华民族自强不息、顽强奋进的强大精神动力。

劳动精神升华于马克思主义劳动观的科学指引。马克思在批判吸收以往劳动思想的基础上，结合工人阶级的革命实践，创造性地确立和形成了科学的劳动概念和劳动理论。在马克思看来，"人是劳动的动物"，劳动是人所特有的"感性对象性活动"，劳动是人之生命的存在基础和意义源泉，劳动创造人，劳动形塑人，劳动注释人。同时，劳动是现存感性世界的深刻基础，是社会存在关系的深层根据，是观念世界的生发基地，是人类历史的深层底色。马克思运用劳动这把"理解全部社会史的锁钥"从"繁芜丛杂"的社会关系中揭示了人类社会发展的一般规律，指明了人类前进的基本方向。马克思主义劳动观是当代中国劳动精神的思想内核和价值依归，对劳动精神的培育和弘扬有着奠基性和指引性意义。

伟大实践孕育伟大精神，伟大精神引领伟大实践。中国共产党从成立伊始就发动劳工阶级，带领劳动人民开创伟业，从南泥湾火热的大生产运动，到小推车推出的淮海战役；从中华人民共和国成立初的手提肩扛，到改革开放时代的电气革命；从永不褪色的"铁人精神"，到赶超一流的"载人航天精神"；从都市快递员的忙碌身影，到互联网时代的创业创新……正是因为劳动创造，我们拥有了历史的辉煌；也正是因为劳动创造，我们拥有了今天的成就。一百年来，中国共产党领导中国人民不断推进革命、建设、改革、复兴事业，筚路蓝缕、披荆斩棘、艰苦创业、铸就辉煌，劳动价值得到了充分彰显，劳动精神得到极大弘扬。

2. 新时代弘扬劳动精神，关乎中华民族复兴伟业，关乎中国特色社会主义事业

劳动精神是以爱国主义为核心的民族精神和以改革创新为核心的时代精神的生动体现，是鼓舞全党全国各族人民风雨无阻、勇敢前进的强大精神动力。新时代弘扬劳动精神，有着重要的现实意义和深远的历史价值。

新时代弘扬劳动精神，关乎中华民族伟大复兴中国梦的实现。中华民族对劳动有着自己独特的体悟，更通过劳动创造了辉煌的中华文明。中国共产党团结和带领人民改天换地、创造历史，建立新中国，从此，中国人民的命运、中华民族的命运掌握在亿万劳动人民的手中，开启了真正通过自己双手劳动改变自己命运、推进民族复兴的征程。时至今日，亿万劳动者的勤劳创造、开拓创新，使实现中华民族伟大复兴进入了不可逆转的历史进程。崇尚劳动、劳动光荣，是实现中华民族伟大复兴中国梦的基

本前提。新时代是实现中华民族伟大复兴的时代，必须大力弘扬劳动精神，以劳动托起中国梦，靠劳动成就复兴梦。

新时代弘扬劳动精神，关乎社会主义现代化强国的建设。"社会主义是干出来的"，实干是最质朴的社会主义现代化建设方法论。社会主义现代化事业从蓝图绘就到具体实施，是一项极其宏大的社会系统工程，需要几代人、十几代人乃至几十代人接力奋斗。回溯历史，从千疮百孔、一穷二白到建立独立完整的工业体系，从面临"开除球籍"的危险到跻身世界第二大经济体，从"唤起工农千百万、同心干"到"空谈误国，实干兴邦"，新中国树起了一座座"干"字丰碑。"干"的实践本质就是劳动，"劳动"的通俗表达就是"干"。社会主义现代化建设的新成就正是通过持续的劳动创造出来的历史性新面貌。实践表明，劳工神圣、劳动光荣、实干兴邦，是社会主义现代化事业的精神标识；聪明才智、辛勤汗水、刻苦耐劳，是中国式现代化道路的力量基石。新时代是建设社会主义现代化国家的新时代，发展经济、改善民生、创新科技等都迫切需要弘扬劳动精神，为中国式现代化新道路厚植精神底色，凝聚精神力量。

新时代弘扬劳动精神，关乎社会主义合格建设者和可靠接班人的培养。劳动可以树德、可以增智、可以强体、可以育美。马克思曾指出，教育和生产劳动相结合是"造就全面发展的人的唯一方法"。列宁也认为，"没有年青一代的教育和生产劳动的结合，未来社会的理想是不能想象的"。中华人民共和国成立后，"教育与生产劳动相结合"一直是我国的重要教育方针，对教育事业发展、人才素质培养发挥了十分积极的作用。但是，现在一些青少年中出现了不珍惜劳动成果、不想劳动、不会劳动的现象。对此，习近平总书记指出："要在学生中弘扬劳动精神，教育引导学生崇尚劳动、尊重劳动，懂得劳动最光荣、劳动最崇高、劳动最伟大、劳动最美丽的道理，长大后能够辛勤劳动、诚实劳动、创造性劳动。"[①] 弘扬劳动精神、加强劳动教育是强国富民的大事，因为它直接决定社会主义建设者和接班人的劳动精神面貌、劳动价值取向和劳动技能水平。新时代的中国青年要成大才、担大任，就必须培育和弘扬伟大劳动精神。

我们赞美劳动，是因为劳动的成果充实着生命的灌注；我们崇尚劳动，是因为劳动的成就凝聚着智慧的结晶；我们尊重劳动，是因为劳动的光荣源自诚实的付出。新时代的中国青年要树立正确的劳动观，崇尚劳动、尊重劳动，增强对劳动人民的感情、践行劳动精神的精华，努力用勤劳的双手和诚实的劳动创造美好生活、贡献强国伟业。

(作者系中国人民大学习近平新时代中国特色社会主义研究院研究员)（有改动）

二、精神传承

劳动教育是学校教育的重要组成部分，是培养全面发展的人的主要途径之一。学校在开展综合实践活动课程的过程中，需有侧重地规划劳动教育课程，并将劳动价值观嵌入综合实践课程价值体认的目标中。与此同时，在学生中开展劳动服务、日常生活劳动、职业体验劳动等，可正确引导学生热爱劳动、尊重劳动，懂得劳动最光荣、劳动最崇高、劳动最伟大、劳动最美丽的道理，进而为实现中华民族伟大复兴的中国梦贡献智慧和力量。

---

① 习近平在2018年全国教育大会上的讲话

第三章 劳动·精神

（一）大力弘扬劳动精神

习近平总书记强调，要"在全社会弘扬劳动精神、奋斗精神、奉献精神、创造精神、勤俭节约精神，培育时代新风新貌"[①]。劳动创造幸福，实干成就伟业。崇尚劳动、热爱劳动、辛勤劳动、诚实劳动的劳动精神，集中反映了亿万劳动者的历史主动意识，彰显着推动人类社会发展进步的根本力量，是激励和鼓舞全党全国各族人民实现第二个百年奋斗目标、以中国式现代化全面推进中华民族伟大复兴的强大精神动力。深入挖掘中华优秀传统文化中蕴含的劳动基因，全面把握劳动精神的时代内涵，在全社会大力弘扬劳动精神，具有极其重要的理论意义与实践价值。

一

"一勤天下无难事。"劳动精神是中华民族显著的精神标识，中华优秀传统文化的根脉中内蕴着勤于劳动的基因。大禹治水、愚公移山、精卫填海、后羿射日……从远古时代的神话传说，到口耳相传的寓言故事，展现了先民们不畏艰险、百折不挠、勤劳勇敢、无私奉献的高尚品德。"昼出耘田夜绩麻，村庄儿女各当家""童孙未解供耕织，也傍桑阴学种瓜""锄禾日当午，汗滴禾下土""人生天地间，劳动最为先"……这些诗词谚语，抒发的是诗人对田园劳作之乐的向往，传达出的是中华民族坚持不懈、敬业乐业、吃苦耐劳、自强不息的精神品格。

"劳动是一切价值的创造者。"马克思主义劳动观是劳动精神形成的理论基石。在马克思看来，劳动不仅创造了人和人类社会，而且决定了人的本质特征，是"理解全部社会史的锁钥"。劳动的过程是人的本质力量与自然之间的一种物质交换过程，正是"通过实践创造对象世界，改造无机界，人证明自己是有意识的类存在物"。马克思指出，"我的劳动是自由的生命表现，因此是生活的乐趣""那些为共同目标劳动因而使自己变得更加高尚的人，历史承认他们是伟人；那些为最大多数人们带来幸福的人，经验赞扬他们为最幸福的人"。

"劳动最光荣、劳动最崇高、劳动最伟大、劳动最美丽。"中国共产党人是劳动精神的积极倡导者和自觉践行者。在全民族抗战的相持阶段，为了克服严重的财政困难，毛泽东同志发出了"自己动手、丰衣足食"的号召。在中华人民共和国成立前夕，毛泽东同志明确将"爱劳动"列为"全体国民的公德"之一。邓小平同志告诫全党，"世界上的事情都是干出来的，不干，半点马克思主义都没有""为了创造社会主义的幸福生活，没有极艰苦的劳动，是不可能的"。进入新时代，习近平总书记多次强调劳动的重要性，指出："新时代的伟大成就是党和人民一道拼出来、干出来、奋斗出来的！"[②]"劳动创造了中华民族，造就了中华民族的辉煌历史，也必将创造出中华民族的光明未来。"[③]

二

"不惰者，众善之师也。"社会主义是干出来的，新时代是奋斗出来的。全面建成

[①] 党的二十大报告
[②] 党的二十大报告
[③] 2013年4月28日，习近平在同全国劳动模范代表座谈时的讲话

社会主义现代化强国、以中国式现代化全面推进中华民族伟大复兴的伟大征程，为广大劳动者提供了宝贵的历史机遇和广阔的实践舞台。建功火热时代，奏响劳动之歌，迫切需要新时代劳动者坚定理想信念，将崇尚劳动、热爱劳动、辛勤劳动、诚实劳动的劳动精神内化于心、外化于行，源源不断地为强国建设、民族复兴提供动力支持和精神支撑。

营造崇尚劳动的浓厚氛围。人类是劳动创造的，社会是劳动创造的。习近平总书记强调，"无论时代条件如何变化，我们始终都要崇尚劳动、尊重劳动者，始终重视发挥工人阶级和广大劳动群众的主力军作用"[①]。崇尚劳动就是要在全社会牢牢树立科学的劳动价值观，通过思想宣传、舆论引导、实践养成等方式，大力倡导劳动没有高低贵贱之分、任何一份职业都很光荣，切实保障广大劳动群众合法权益，推动全社会进一步形成崇尚劳动的浓厚氛围。

培育热爱劳动的良好习惯。习近平总书记强调，"推动全社会热爱劳动、投身劳动、爱岗敬业，为改革开放和社会主义现代化建设贡献智慧和力量"[②]。热爱劳动既是一种正确的劳动态度，又是一种积极的劳动心理活动。劳动是创造物质财富和精神财富的过程，只有热爱劳动、热爱劳动人民，才会自觉自愿、积极主动地从事劳动实践，才能真正认识到劳动的价值，才能真正懂得"劳动是一切幸福的源泉"，也才能最终做到"劳动已经不仅仅是谋生的手段，而且本身成了生活的第一需要"。

锤炼辛勤劳动的意志品质。幸福生活不会从天而降，美好生活靠辛勤劳动创造。习近平总书记强调，"我们的国家，我们的民族，从积贫积弱一步一步走到今天的发展繁荣，靠的就是一代又一代人的顽强拼搏，靠的就是中华民族自强不息的奋斗精神"[③]。越是伟大的事业，越需要广大劳动者撸起袖子加油干、风雨无阻向前行，越需要勠力同心、接续奋斗，越需要常葆辛勤不息、实干笃行之姿，以高涨的工作热情促发展、抓落实，迈向通往伟大梦想的光辉前程。

锻造诚实劳动的优良品德。诚实劳动既是一种踏实的工作态度，又是一种优良的道德品格。习近平总书记指出，"人世间的美好梦想，只有通过诚实劳动才能实现；发展中的各种难题，只有通过诚实劳动才能破解；生命里的一切辉煌，只有通过诚实劳动才能铸就"[④]。劳动的荣光出自诚实的创造，劳动的收获源自诚实的付出。面对世界百年未有之大变局和外部诱惑，广大劳动者应注重从劳动中锻造优良品德，明辨是非、恪守正道，保持定力、严守规矩，用勤劳的双手和诚实的劳动创造属于自己的美好生活，汇聚起奋进新征程、建功新时代的强大力量。

(作者：唐庆，系北京市习近平新时代中国特色社会主义思想研究中心特约研究员、北京工商大学马克思主义学院副教授)

(二) 弘扬劳动精神　创造美好未来

习近平总书记在党的二十大报告中提出："在全社会弘扬劳动精神、奋斗精神、奉献精神、创造精神、勤俭节约精神，培育时代新风新貌。"在长期实践中，我们培育形

---

① 2015年4月28日，习近平在庆祝"五一"国际劳动节暨表彰全国劳动模范和先进工作者大会上的讲话
② 2014年4月30日，习近平在乌鲁木齐接见劳动模范和先进工作者、先进人物代表时的讲话
③ 2013年5月4日，习近平在同各界优秀青年代表座谈时的讲话
④ 2013年4月28日，习近平在同全国劳动模范代表座谈时的讲话

成了崇尚劳动、热爱劳动、辛勤劳动、诚实劳动的劳动精神。中国特色社会主义进入新时代，在改革开放和社会主义现代化事业取得巨大成就、党的建设新的伟大工程取得巨大成效的背景下，面对世界百年未有之变局，为全面建设社会主义现代化国家、为全面推进中华民族伟大复兴，必须大力弘扬劳动精神。坚定信念、铁心劲气，勤劳奋斗、创新创业，以更加饱满的热情推动社会主义现代化事业蓬勃发展。

崇尚劳动，推动形成良好的社会风尚。崇尚劳动指的是崇尚劳动价值，尊重劳动者的职业和劳动成果，鼓励劳动者通过劳动来创造社会价值。习近平总书记曾指出："无论时代条件如何变化，我们始终都要崇尚劳动、尊重劳动者，始终重视发挥工人阶级和广大劳动群众的主力军作用。"[1] 只有整个社会推崇劳动，将崇尚劳动视为中华民族伟大复兴伟业的不竭动力，才能"让劳动最光荣、劳动最崇高、劳动最伟大、劳动最美丽"[2]蔚然成风，才能为热爱劳动谱写序曲、为辛勤劳动奠定基石、为诚实劳动铺满底色。让崇尚劳动成为社会风尚，宣传教育是关键，应注重劳动教育，鼓励职业教育，树立模范典型，激励更多劳动者投身社会主义现代化建设的伟大事业中，为中华民族伟大复兴贡献力量和智慧；政策引导是保障，要聚焦劳动就业、技能培训、收入分配、社会保障、安全卫生等主要方面，关注劳动群体的切身利益与价值追求，完善各项制度，"排除阻碍劳动者参与发展、分享发展成果的障碍，努力让劳动者实现体面劳动、全面发展"[3]。

热爱劳动，激活幸福生活的活水源泉。热爱劳动作为个体主观情感的表现，是指对劳动产生兴趣和热情，愿意从事劳动，通过劳动实现自我价值和贡献社会。热爱劳动是中华民族的优良传统和文化基因，也是中国共产党人的精神源泉和价值追求。因为热爱，三五九旅拿起"一把镢头一支枪"，"把南泥湾变成米粮川，成为陕北的好江南"；因为热爱，孟泰组织技术人员，自制成功大型轧辊，"为鞍钢谱写了一曲自力更生的凯歌"；因为热爱，于敏作为"国产专家一号"，努力钻研，成功填补了我国原子核理论的空白；因为热爱，孙泽洲秉持"伟大的事业基于创新，伟大的事业成于实干"信念，让"天问一号"成功在火星着陆。他们在劳动中发挥自己的价值，共同书写着属于劳动者的壮美篇章。"劳动是一切幸福的源泉。"[4] 热爱劳动，要求我们拥有爱岗敬业的职业情感、认真钻研的工作态度、庖丁解牛的专业技能、力争卓越的价值追求，将"要我干"转变为"我要干"，立足岗位做贡献，在劳动中增强志气、骨气和底气，将小我融进大我，让劳动光荣、创造伟大奏响时代最强音。

勤奋劳动，助力中华民族伟大复兴。勤奋劳动是事业成功的必要条件和基础，指的是劳动者尽全力完成所从事的工作，坚持不懈，不惧困难，实现自我劳动价值的过程。古往今来，农耕渔猎、商贾互市，各行各业都以辛勤的劳动为基础，打造了中华文明史上宝贵的劳动成果。民生在勤，勤则不匮，"正是因为劳动创造，我们拥有了历史的辉煌；也正是因为劳动创造，我们拥有了今天的成就"[5]。党的十八大以来，我国基础研究和原始创新不断加强，一些关键核心技术实现突破，载人航天、探月探火、

---

[1] 2015年4月28日，习近平在庆祝"五一"国际劳动节暨表彰全国劳动模范和先进工作者大会上的讲话
[2] 2015年4月28日，习近平在庆祝"五一"国际劳动节暨表彰全国劳动模范和先进工作者大会上的讲话
[3] 2013年4月28日，习近平在同全国劳动模范代表座谈时的讲话
[4] 2020年11月24日，习近平在全国劳动模范和先进工作者表彰大会上的讲话
[5] 2015年4月28日，习近平在庆祝"五一"国际劳动节暨表彰全国劳动模范和先进工作者大会上的讲话

深海深地探测等取得重大成果,一些关键核心技术实现突破。一路走来,所有成就的取得无一不是辛勤劳动者们的汗水和智慧的结晶。辛勤劳动要求我们积极投身于农业生产、工业建设、志愿服务、科学研究等劳动实践中,以"不破楼兰终不还"的闯劲,以"壮心未与年俱老"的干劲,以"两句三年得,一吟双泪流"的钻劲,不断提高专业素养,努力练好人生和事业的基本功,把奋斗融入党和人民事业,辛勤劳动,用实际行动汇聚团结奋斗的伟大力量,谱写中华民族伟大复兴的新篇章。

诚实劳动,构建现代化建设的道德支撑。诚实劳动是指劳动过程中遵守职业道德、评价标准、法律规范,踏实肯干、实事求是,以诚信为基础完成劳动工作。习近平总书记曾经讲过:"人世间的美好梦想,只有通过诚实劳动才能实现;发展中的各种难题,只有通过诚实劳动才能破解;生命里的一切辉煌,只有通过诚实劳动才能铸就。"[①]每个劳动者都可以通过诚实劳动创造自身价值。"在工厂车间,就要弘扬'工匠精神',精心打磨每一个零部件,生产优质的产品。在田间地头,就要精心耕作,努力赢得丰收。在商场店铺,就要笑迎天下客,童叟无欺,提供优质的服务。"[②]尘雾之微,补益山海,荧烛末光,增辉日月。每个劳动者只有坚持诚实、守信、勤奋、创新,认真履行自己的职责,通过诚实劳动和艰苦努力,构建现代化建设的道德支撑,才能创造全体人民更加美好的生活,实现全面现代化的目标。

当前,世界之变、时代之变、历史之变正以前所未有的方式展开,身处这样一个伟大的时代,普通劳动者不仅能干事业,而且能干成事业的时代,我们要弘扬劳动精神,以坚定顽强的信念、过硬扎实的本领、脚踏实地的作风,起而行之,拧成一股绳,铆足一股劲,在不变中坚守初心,在变化中接续奋斗;在成长中磨炼自我,在挑战中迎难而上,用劳动的汗水创造美好未来!

(作者系湘潭市十三届党代表、湖南工程学院马克思主义学院博士田小玲;湖南工程学院副校长、湖南省党的创新理论研究基地研究员向前)(有改动)

思考与练习

1. 工匠精神、劳模精神和劳动精神之间有什么区别?
2. 工匠精神、劳模精神和劳动精神的内在联系如何?
3. 请查找你所在专业领域的优秀人物并分享他们的故事给老师和同学。
4. 请将你自己分别与本章的劳模、工匠进行对比,然后自我反思在哪些方面还需要提高。

---

① 2013年4月28日,习近平在同全国劳动模范代表座谈时的讲话
② 2016年,习近平于安徽合肥在知识分子、劳动模范、青年代表座谈会上的讲话

第四章

劳动·保障

劳动是人类存在的基础和手段,是一个人在体格、智慧和道德上臻于完善的源泉。

——乌申斯基

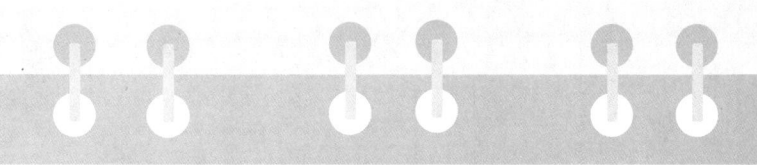

核心问题

1. 不同颜色的安全标志分别表达什么含义?
2. 常见的安全隐患有哪些?
3. 常见疾病有哪些及相对应的急救方法是什么?
4. 劳动者的权利与义务包括哪些内容?

第一节　劳动安全

一、安全标志

安全标志：用以表达特定安全信息的标志，由图形符号、安全色、几何形状（边框）或文字构成。

安全标志是向工作人员警示工作场所或周围环境的危险状况，指导人们采取合理行为的标志。安全标志能够提醒工作人员预防危险，从而避免事故发生；当危险发生时，能够指示人们尽快逃离，或者指示人们采取正确、有效、得力的措施，对危害加以遏制。安全标志不仅类型要与所警示的内容相吻合，而且设置位置要正确合理，否则就难以真正充分发挥其警示作用。

我国规定的警告标志共有39个，禁止标志共有40个，指令标志共有16个，提示标志共有8个。

（一）警告标志（黄色）

警告标志的含义是警告人们可能发生的危险。警告标志的几何图形是黑色的正三角形、黑色符号和黄色背景。

图4-1　警告标志

（二）禁止标志（红色）

禁止标志的含义是不准或制止人们的某些行动。禁止标志的几何图形是带斜杠的圆环，其中圆环与斜杠相连，用红色；图形符号用黑色，背景用白色。

图4-2　禁止标志

（三）指令标志（蓝色）

指令标志的含义是必须遵守。指令标志是强制人们必须做出某种动作或采用防范措施的图形标志。指令标志的几何图形是圆形，蓝色背景，白色图形符号。

图 4-3 指令标志

（四）提示标志（绿色）

提示标志是向人们提供某种信息（如标明安全设施或场所等）的图形标志。提示标志的几何图形是方形，绿色背景，白色图形符号及文字。

图 4-4 提示标志

拓展阅读

安全标志

二、安全隐患

安全是人类生存与发展的最基本要求，是生命与健康的基本保障。安全生产是保障劳动者安全健康、保证国民经济持续发展的基本条件。伴随着经济发展而频繁发生的安全生产事故，不仅造成了国家财产和公民的巨大损失，严重制约了我国经济的平稳发展，而且与我国当前构建和谐社会的目标相悖。如果社会的经济发展是以生命为代价的，那么其显然和"以人为本"的科学发展观背道而驰，所谓的可持续发展也就失去了原来的意义。劳动安全是指在生产劳动过程中，防止中毒、车祸、触电、塌陷、爆炸、火灾、坠落、机械外伤等危及劳动者人身安全的事故发生，以及掌握一定的急救常识，减少生命威胁和财产的损失。

隐患，是指隐藏的祸患，即隐藏不露、潜伏的危险性大的事情或灾害。事故隐患，是泛指生产系统中可导致事故发生的人的不安全行为、物的不安全状态和管理上的缺陷。事故隐患可归纳为21个大类：火灾、爆炸、中毒和窒息、水害、坍塌、滑坡、泄漏、腐蚀、触电、坠落、机械伤害、煤与瓦斯突出、公路设施伤害、公路车辆伤害、铁路设施伤害、铁路车辆伤害、水上运输伤害、港口码头伤害、空中运输伤害、航空港伤害、其他类隐患。

(一) 常见安全隐患

在安全生产检查中，要注意检查以下最常见的事故隐患：

1. 人的不安全行为。例如，人为造成安全装置失效、使用不安全设备、冒险进入危险场所等。

2. 物的不安全状态。例如，防护、保险、信号等装置缺乏或有缺陷、劳动防护用品用具缺乏或有缺陷、生产施工场地作业环境不良等。

3. 管理上的缺陷。例如，技术和设计上有缺陷、对现场工作缺乏检查或指导错误、没有安全生产管理规章制度和安全操作规程、对事故隐患整改不力、经费不落实等。

★ 拓展阅读 ★

GB/T13861—2022《生产过程危险和有害因素分类与代码》详细列出了生产过程中的危险和有害因素，主要包括以下几个方面：

一、危险和有害因素的分类

1. 物理性危险和有害因素

设备和设施缺陷：如强度不够、刚度不够、稳定性差、密封不良等。

电危害：包括带电部位裸露、漏电、雷电、静电、电火花等。

高低温危害：能造成灼伤的高温物质（如高温气体、高温固体、高温液体）和能造成冻伤的低温物质（如低温气体、低温固体、低温液体）。

噪声和振动：机械性、电磁性、流体动力性噪声和振动。

辐射：各种辐射源对人体的伤害。

粉尘与气溶胶：不包括爆炸性、有毒性粉尘与气溶胶。

作业环境不良：如采光照明不良、有害光照、通风不良、缺氧、空气质量不良等。

信号和标志缺陷：如无信号设施、信号选用不当、标志不清楚等。

2. 化学性危险和有害因素

易燃易爆性物质：如易燃易爆性气体、液体、固体、粉尘与气溶胶。

自燃性物质：在常温下能自行发热并燃烧的物质。

有毒物质：如有毒气体、液体、固体、粉尘与气溶胶。

腐蚀性物质：对接触到的物体具有腐蚀性的物质。

3. 生物性危险和有害因素

致病微生物：如细菌、病毒等。

传染病媒介物：能传播疾病的动物、昆虫等。

4. 心理、生理性危险和有害因素

健康状况异常：如患有不适宜工作的疾病。

从事禁忌作业：如未取得相应资格的人员从事特种作业。

心理异常：如情绪异常、冒险心理等。

5. 行为性危险和有害因素

指挥错误：如违章指挥、指挥失误等。

操作失误：如误操作、违章作业等。

监护失误：监护人员对作业现场监护不到位。

二、具体的事故类别

GB/T13861—2022还列出了具体的事故类别，包括：

物体打击：失控物体的惯性力造成的人身伤害事故。

车辆伤害：企业机动车辆引起的机械伤害事故。

机械伤害：机械设备与工具引起的绞、辗、碰、割、戳、切等伤害。

起重伤害：从事起重作业时引起的机械伤害事故。

触电：电流流经人体，造成生理伤害的事故。

淹溺：因大量水经口、鼻进入肺内，造成呼吸道阻塞，发生急性缺氧而窒息死亡的事故。

灼烫：强酸、强碱溅到身体引起的灼伤，或因火焰、高温物体引起的烧伤、烫伤。

火灾：造成人身伤亡的企业火灾事故。

高处坠落：因重力势能差引起的伤害事故。

坍塌：建筑物、构筑物、堆置物等倒塌以及土石塌方引起的事故。

冒顶片帮：矿井工作面、巷道侧壁由于支护不当、压力过大造成的坍塌。

透水：矿山、地下开采或其他坑道作业时，意外水源带来的伤亡事故。

放炮：施工时，放炮作业造成的伤亡事故。

瓦斯爆炸：可燃性气体与空气混合形成的混合物，接触火源时引起的化学性爆炸事故。

火药爆炸：火药与炸药在生产、运输、贮藏过程中发生的爆炸事故。

锅炉爆炸：锅炉发生的物理性爆炸事故。

容器爆炸：压力容器的物理性爆炸事故。

其他爆炸：不属于上述爆炸的其他爆炸事故。

中毒和窒息：人接触有毒物质引起的人体急性中毒事故。

其他伤害：不属于上述伤害的其他事故，如摔、扭、挫、擦、刺、割伤等。

（二）参照事故类别分类

参照《企业职工伤亡事故分类》（GB6441—1986），综合考虑起因物、引起事故的诱导性原因、致害物、伤害方式等，可将危险、有害因素分为如下20类：

1. 物体打击，指物体在重力或其他外力的作用下产生运动，打击人体，造成人身伤亡事故，不包括因机械设备、车辆、起重机械、坍塌等引发的物体打击。

2. 车辆伤害，指企业机动车辆在行驶中引起的人体坠落和物体倒塌、下落、挤压伤亡事故，不包括起重设备提升、牵引车辆和车辆停驶时发生的事故。

3. 机械伤害，指机械设备运动静止部件、工具、加工件直接与人体接触引起的夹击、碰撞、剪切、卷入、绞、碾、割、刺等伤害，不包括车辆、起重机械引起的机械伤害。

4. 起重伤害，指各种起重作业包括起重机安装、检修、试验中发生的挤压、坠落、吊具、吊重物体打击和触电。

5. 触电，包括雷击伤亡事故。

6. 淹溺，包括高处坠落淹溺，不包括矿山、井下透水淹溺。

7. 灼烫，指火焰烧伤、高温物体烫伤、化学灼伤（酸、碱、盐、有机物引起的体内外灼伤）、物理灼伤（光、放射性物质引起的体内外灼伤），不包括电灼伤和火灾引起的烧伤。

8. 火灾。

9. 高处坠落，指在高处作业时发生坠落造成的伤亡事故，不包括触电坠落事故。

10. 坍塌，指物体在外力或重力作用下，超过自身的强度极限或因结构稳定性破坏而造成的事故，如挖沟时的土石塌方、脚手架坍塌、堆置物倒塌等，不适用于矿山冒顶片帮和车辆、起重机械、爆破引起的坍塌。

11. 冒顶片帮。

12. 透水。

13. 放炮。

14. 火药爆炸，指火药、炸药及其制品在生产、加工、运输、贮存中发生的爆炸事故。

15. 瓦斯爆炸。

16. 锅炉爆炸

17. 容器爆炸。

18. 其他爆炸。

19. 中毒和窒息。

20. 其他伤害。

(三) 有毒物质

目前世界上大约有 800 万种化学物质，其中常用的化学品就有 7 万多种，每年还有上千种新的化学品问世。在品种繁多的化学品中，有许多系有毒化学物质，在使用、贮存和运输过程中有可能对人体产生危害，甚至危及人的生命，造成巨大灾难性事故。因此，了解和掌握有毒化学物质对人体危害的基本知识，对于加强有毒化学物质的管理，防止其对人体的危害和中毒事故的发生，无论对管理人员还是工人，都是十分必要的。

1. 有毒重金属。这些重金属非常难以被生物降解，能和人体内蛋白质及各种酶发生强烈的相互作用，使它们失去活性，并在人体的组织器官中长期累积，当超出人体所能耐受的限度，就会造成人体急性中毒、亚急性中毒、慢性中毒等危害。

2. 刺激性气体。化学工业常遇到的有毒气体，较常见的有氯气、氨气、氮氧化物、光气、氟化氢、二氧化硫、三氧化硫和硫酸二甲酯等。

3. 窒息性气体。能造成机体缺氧的有毒气体。窒息性气体可分为单纯窒息性气体、血液窒息性气体和细胞窒息性气体，如氮气、甲烷、乙烷、乙烯、一氧化碳、硝基苯的蒸气、氰化氢、硫化氢等。

4. 农药。包括杀虫剂、杀菌剂、杀螨剂、除草剂等，在运输、使用和贮存过程中未采取有效的预防措施，可引起中毒。

5. 有机化合物。大多数属有毒有害物质，如应用广泛的有机二甲苯、二硫化碳、

汽油、甲醇、丙酮等，苯的氨基和硝基化合物，如苯胺、硝基苯等。

6. 高分子化合物。高分子化合物本身无毒或毒性很小，但在加工和使用过程中，可释放出游离单体对人体产生危害，如酚醛树脂遇热释放出的苯酚和甲醛具有刺激作用。某些高分子化合物由于受热、氧化而产生毒性更为强烈的物质，如聚四氟乙烯塑料受高热分解出四氟乙烯、六氟丙烯、八氟异丁烯，人吸入后可引起化学性肺炎或肺水肿。高分子化合物中常用的单体多数对人体有危害。

（四）电流对人体的伤害

1. 电击。当人体直接接触带电体时，电流通过人体内部，对内部组织造成的伤害称为电击。电击是最危险的触电伤害，多数触电死亡事故是由电击造成的。电击主要伤害人体的心脏、呼吸和神经系统，因而能破坏人的正常生理活动，甚至危及人的生命。

2. 电伤。电伤是电流的热效应、化学效应、光效应或机械效应对人体造成的伤害。电伤会在人体上留下明显伤痕，有灼伤、电烙印和皮肤金属化三种。电弧灼伤是电流通过空气介质或电路短路时产生强大的弧光和火花致伤，电子流没有通过机体。电弧灼伤也能致命。电烙印通常是在人体与带电体紧密接触时，由电流的化学效应和机械效应引起的伤害。皮肤金属化是由于电流熔化和蒸发的金属微粒渗入表皮所造成的伤害。

（五）易燃易爆物

易燃易爆物基本都是含有碳、氢元素的化合物，化学上称为烃。烃，具有熔点、沸点低，挥发性大，容易燃烧的特性。在环境温度颇高的夏季，如果疏忽大意，极易造成火灾。绝大多数以碳、氢为母体的有机化合物均为可燃、易燃物，这是有机化合物的特性之一。

生活中的易燃易爆物品有：天然气、液化气钢罐、汽油桶、油漆、酒精、香蕉水、打火机、花露水、香水、指甲油、啫喱膏、止汗液、驱蚊水、杀虫剂、空气清新剂、罐装碳酸饮料等。其中，花露水较为危险，它的酒精含量为 70%～75%，燃点仅为 24 ℃。

此外，有些化学品如剧毒的氰化氢、液氯，易燃的氢、液态烃气，助燃的压缩空气、氧气，不燃低毒的多种制冷剂氟利昂，甚至不燃无毒的二氧化碳、氮等，都必须储存在耐压钢瓶中，一旦钢瓶受热，瓶内压力增大，就有引起燃烧爆炸的危险，所以它们一概被列入化学危险物品的压缩气体和液化气体类。也有剧毒的有机化合物（如丙烯腈）因其燃烧的危险性更大而被列入易燃液体类。有机腐蚀品中同时具有腐蚀性和易燃性的也有很多，亦因其腐蚀性比较显著而被列入腐蚀品。再来看无机化合物，有的本身虽不能燃烧，但因同时具有氧化作用（如硝酸、高氯酸、过氧化氢、漂白粉等），能促使可燃、易燃物燃烧甚至爆炸；或因遇酸分解放出易燃、剧毒气体（如氰化物等）。

（六）静电危害

人体静电是由于人的身体上的衣物等相互摩擦产生的附着于人体上的静电。静电

的产生是由于原子核对外层电子的吸引力不够,从而在摩擦或其他因素的作用下失去电子,从而造成摩擦物有的带负电荷。在摩擦物绝缘性能比较好的情况下,这些电荷无法流失,就会聚集起来,并且由于绝缘物的电容性极差,从而造成虽然电荷量不大但电压很高的状况。

穿化学纤维制成的衣物就比较容易产生静电,而棉制衣物产生的静电就较少。而且由于干燥的环境更有利于电荷的转移和积累,所以冬天人们会觉得身上的静电较大。

在不同湿度条件下,人体活动产生的静电电压有所不同。在干燥的季节,人体静电可达几千伏甚至几万伏。实验证明,静电电压为 5 万伏时人体没有不适的感觉,人带上 12 万伏高压静电时也没有生命危险。所以,一般冬天人身上带的静电是不会影响人体生理功能的,大家可以放心。

但是,在石油化工行业中,大多数介质具有易燃易爆特性,在其生产、运输、储存和使用过程中经常会产生和积聚静电。如果这些电荷不能及时泄放,逐渐积聚到一定程度,极易发生静电放电,引燃易燃易爆的气体、液体蒸气或悬浮的粉尘与空气形成的可燃混合物,导致火灾甚至爆炸事故,危害人身安全,影响正常生产。对于石化企业,静电安全防护的主要目标就是预防火灾和爆炸。

(七) 排除隐患的主要对策和措施

1. 实行机械化、自动化生产

机械化、自动化生产不仅是发展生产的重要手段,而且是实现本质安全的根本途径。机械化能减轻劳动强度,自动化能减少人身伤害的危险。本质安全——就是指装备、设施或技术工艺具有包含在内部的,能够从根本上防止事故发生的功能。

2. 设置安全装置

安全装置包括防护装置、保险装置以及警告装置等。

3. 增强机械强度

机械设备、装置及其主要部件,必须具有必要的机械强度和安全系数。

4. 保证电气安全可靠

电气安全对策措施,通常包括防触电、防电气火灾爆炸和防静电等。保证电气安全的基本条件包括:安全认证、备用电源、防触电、电气防火防爆、防静电措施。

5. 按规定维护保养和检修机器设备

机器设备是生产的主要工具,它在运转过程中总不免有些零部件逐渐磨损或过早损坏,以致引起设备上的事故,其结果是不但会使生产停顿,还可能使操作工人受到伤害。因此,要使机器设备经常保持良好状态,预防设备事故和人身伤亡事故的发生,必须进行经常的维护保养和计划检修。

6. 保持工作场所合理布局

工作场所就是工人使用机器设备、工具及其他辅助设备对原材料和半成品进行加工的区域。完善的组织和合理的布局,不仅能够促进生产,而且是保证安全的必要条件。工作场所散落的金属废屑、润滑油、乳化液、毛坯、半成品的杂乱堆放,地面不平整等情况都能导致事故的发生。

7. 配备个人防护用品

工人必须根据危险等级、有害因素和作业类别，配备具有相应防护功能的个人防护用品。

三、急救常识

（一）一般急救常识

在日常生活中，人们都有可能遇到一些突发情况，如果掌握现场急救知识，往往能为患者赢得宝贵时间并挽救患者的生命。另外，目前喜欢参加一些体育运动和野外活动的人越来越多，我们掌握一些关于包扎、止血、冻伤、溺水、中暑等的急救知识非常实用。

1. 心肺复苏

心肺复苏是使患者恢复心跳和呼吸、避免脑损伤的一种急救技术。在日常生活中，人们难免会遇到各种疾病或意外事件，因此，学习掌握心肺复苏的操作和技能是很必要的。

下面介绍心肺复苏的程序。

（1）判断患者有无反应。轻摇患者肩膀并在他耳边叫唤，并大声问："你怎么啦？"测试患者神志是否清楚。如有回应，则表示患者气道仍然畅通；如患者人事不省，应立即请旁人协助。

（2）呼救，拨打120急救电话。若呼唤无反应，则立即呼救，目的是叫人协助急救和通知医院与医疗急救部门，申请急救车服务。

"120"是我国统一实施的医疗急救电话号码。如果在场目击者只有一人，患者呼吸、心跳停止，目击者应先对患者进行心肺复苏1~2分钟后再尽快打电话呼救；如果在场目击者有多人，呼救与抢救可同时进行。患者独自一人时，在神志清醒时，应尽快拨通急救电话，将自己的伤情、地点详细告诉对方，请求速来急救，也可请求其他人速来协助。

（3）摆好患者身体。为使心肺复苏有效，患者必须仰卧在坚实而无弹性的平面上，头部与躯干呈水平位，身体无扭曲，两臂放在身体两侧，衣领解开，裤带松开。抢救者跪于患者的右侧，两腿自然分开，一个膝关节位于患者肩部，另一个膝关节位于患者腰部。抢救者双腿与肩同宽，并尽量贴近患者。

（4）清除患者口腔异物。迅速清除患者口、鼻、咽喉的异物，如凝血块、痰液、呕吐物等。用一只手的拇指、食指拉出舌头，另一只手的食指伸入患者口腔和咽部，迅速将血块、异物取出。

（5）打开患者气道。帮助患者清理干净气道异物后，需要继续保持其气道通畅：一只手放在患者前额上，手掌向后下方施力，使患者头向后仰；另一只手的食指及中指将患者下颌托起，尽量让患者的头后倾。注意手指不要压向患者喉部，以免阻塞其气道。

（6）判断患者呼吸情况。将面颊贴近患者口鼻部，眼睛朝向患者胸部，判断患者呼吸是否存在，同时默数5秒。如患者已无呼吸，应立即对其进行人工呼吸。

(7) 对患者进行人工呼吸。口对口进行人工呼吸是为患者肺部供氧的首选快速有效的方法。使患者仰卧，救护者位于其头部一侧，捏住患者的鼻孔，深吸气后，将自己的嘴紧贴患者的嘴吹入气体。之后，离开患者的嘴，放开其鼻孔，一手压患者胸部，助其呼出体内气体。如此有节律地反复进行，每分钟进行 12~15 次。注意吹气时不要用力过度，以免造成患者肺泡破裂。吹气后，应对患者进行胸外心脏按压。一般吹一次气后，做 4 次心脏按压。

(8) 对患者进行胸外心脏按压。胸外心脏按压是心肺复苏的主要方法，它通过压迫胸骨，对心脏给予间接按摩，使心脏排出血液，参与血液循环，以恢复心脏的自主跳动。具体操作方法如下。

①让需要进行心脏按压的患者仰卧在平整的地面或木板上。

②救护者位于患者一侧，双手重叠放在患者胸部两乳正中间处，用手向下按压胸骨，使胸骨下陷 3~4 厘米，然后手迅速放松，放松时手不离开患者胸部。如此反复有节律地进行。按压频率为每分钟 60~80 次。

拓展阅读

健康技能展示：心肺复苏
（学习强国）

2. 止血

止血是创伤现场应急救护首先要掌握的一项基本技术。其主要目的是阻止伤口持续性出血，防止患者因失血过多而导致死亡，为患者赢得宝贵的抢救时间，从而挽救患者的生命。

(1) 包扎法止血

包扎法止血一般限于无明显动脉性出血。对于小创口出血，有条件时先用生理盐水冲洗局部，再用消毒纱布覆盖创口，最后用绷带或三角巾包扎。无条件时可先用凉开水冲洗，再用干净毛巾或其他软质布料覆盖包扎。如果创口较大而出血较多时，要加压包扎止血。包扎的压力应适度，以达到止血而又不影响肢体血液流动为宜。严禁将泥土、面粉等不洁物撒在伤口上，造成伤口进一步污染，从而给下一步清创带来困难。

(2) 指压法止血

指压法止血用于急救时处理较急剧的动脉出血。这是一种简单有效的临时性止血方法，根据动脉的走向，用拇指压住出血的血管上方（近心端），使血管被压闭住，阻断血液来源，能迅速有效地达到止血目的。其缺点是止血不易持久，而且需事先了解正确的压迫点才能见效。

(3) 止血带法止血

如果是较大的肢体动脉出血，且为运送患者方便起见，应上止血带，橡皮带、宽布条、三角巾、毛巾等均可。上肢出血时，止血带应结扎在上臂的上 1/3 处，禁止扎在中段，避免损伤桡神经。下肢出血时，止血带应扎在大腿的中部。先要将伤肢抬高，尽量使静脉血回流，然后用毛巾或其他布片、棉絮做垫，最后扎止血带，以止血带远端肢体动脉刚刚摸不到为度。止血带应松紧适宜，过紧易损伤神经，过松则不能达到

止血的目的。扎好止血带后，一定要做明显的标志，写明上止血带的部位和时间，以免忘记定时松解，造成肢体因缺血时间过久而坏死。上止血带后每半小时到一小时松解一次，放松3～5分钟后再扎上，松解止血带时可暂用手指压迫止血。

3. 包扎

包扎是外伤急救时最常用的方法，具有减少伤口感染率、加压止血、固定敷料和夹板及减轻疼痛等作用。一般可以用三角巾和无菌纱布包扎。在紧急情况下，也可用清洁的毛巾、被单等代替。

（1）简单螺旋包扎法

先用绷带缠绕肢体两圈固定，然后从受伤部位的下方开始，由下而上包扎。包扎时应用力均匀，由内而外扎牢，每绕一圈时，遮盖前一圈绷带的2/3，露出1/3。包扎完成时应将伤口上的敷料完全遮盖。

图4-5 简单螺旋包扎法

（2）人字形包扎法

先将绷带在患者肢体关节中央处缠绕一圈做固定，然后绕一圈向下再绕一圈向上，反复向下、向上缠绕。结束时，在关节的上方重复缠绕一圈固定。

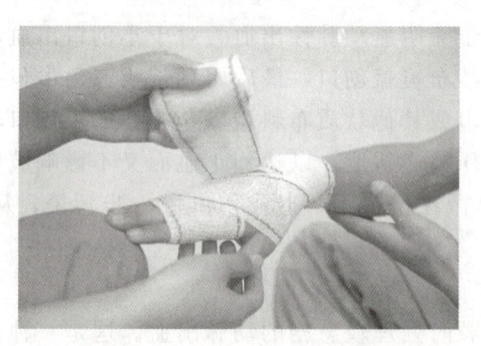

图4-6 人字形包扎法

（3）三角巾头部包扎法

扶患者坐稳，去除患者眼镜和头饰。用干净的纱布垫或布（棉）垫按压在患者头顶部伤口上，加压止血约10秒。将三角巾的底边折叠约两横指宽，边缘结于患者前额齐眉处，覆盖好布垫，顶角拉向患者头后部。将三角巾两底角沿患者两耳上方向后收，在患者后部枕骨下交叉并压紧顶角，然后绕回患者前额正中打结。将患者头后部的顶角拉紧并向上返折，将顶角塞进两底角的交叉处。

图 4-7 三角巾头部包扎法

4. 骨折的简易固定

当出现外伤后，局部组织有"红、肿、热、痛和功能障碍"时应考虑有骨折的可能。前臂骨折是很多爱好体育的同学最容易出现的骨折类型。此时前臂出现皮肤发红、肿胀、发热和疼痛并且不能抬起的功能障碍。固定是针对骨折的患者所采用的一项急救措施。其目的是固定伤处，限制骨折部位的移动，避免骨折断端刺伤皮肤、血管、神经及重要脏器，减轻疼痛，便于运送。

(1) 上臂骨折

发生上臂骨折（肱骨骨折）时，固定的方法如下。

①轻轻弯曲患者伤侧肘关节，将伤侧的前臂置于患者胸前，使其掌心向着胸壁。

②在患者伤侧胸部和上臂之间垫上布垫，用三角巾或绷带将伤侧前臂悬挂固定。

③可再用一条三角巾或绷带围绕患者胸部将其伤肢扎紧加固。

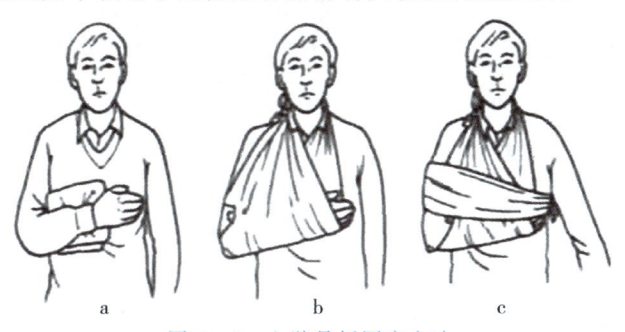

图 4-8 上臂骨折固定方法

(2) 大腿骨折

大腿骨折，即股骨骨折。股骨是人体中最长的骨，十分坚硬，发生骨折常由于强大的外力撞击。大腿骨折时如有大血管损伤，血液会大量流入组织间隙，引起严重的内出血；由于肌肉的牵拉，伤侧大腿可能缩短或向外翻，受伤处肿胀；伤侧的膝盖和脚会歪向一侧；有严重出血时，患者会出现休克。

发生大腿骨折时固定的方法如下：

①扶患者仰卧，将未受伤的腿与受伤的腿靠在一起，同时呼叫急救车。

②在患者两腿下面，从膝关节以上到踝关节加垫衣物或折叠后的毯子等。

③用三角巾或绷带、布条，以 8 字形缠绕固定患者双足，使双足底和腿约呈 90°。

④用三角巾或宽布带缠绕患者双膝及骨折处上、下方，达到固定目的，并在健侧

打结。

⑤包扎结束后,尽量不移动患者,直到急救车到来。

①②③④为固定大腿骨折的顺序

图 4-9　大腿骨折固定方法

5. 搬运

(1) 单人搬运

救护者站于患者的一侧,患者身体略靠着救护者,一起行走;救护者可直接将患者抱起行走,或将患者背起。如患者卧于地上,救护者可先躺其一侧,一只手紧握患者肩部,另一只手抱其腿,用力翻动患者身体,使其伏于背上,而后慢慢起来行走。

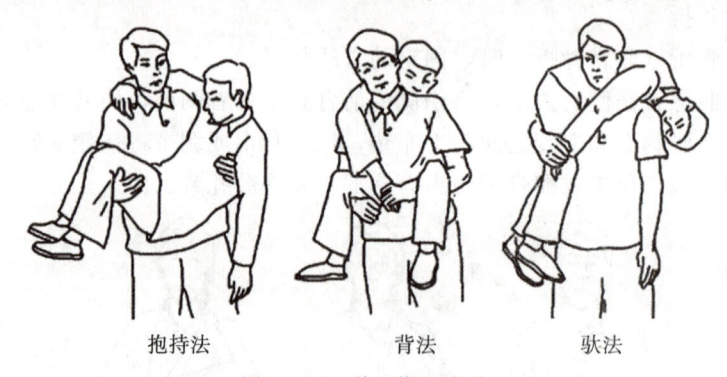

抱持法　　　背法　　　驮法

图 4-10　单人搬运方法

(2) 双人搬运

一人站在患者的头部处,两手插入患者腋下,将其抱入怀内,另一人背对着患者站在其两腿中间,托起患者双腿,然后二人步调一致前行。或者救护者二人手臂交叉,呈座椅状,抬着患者前行。

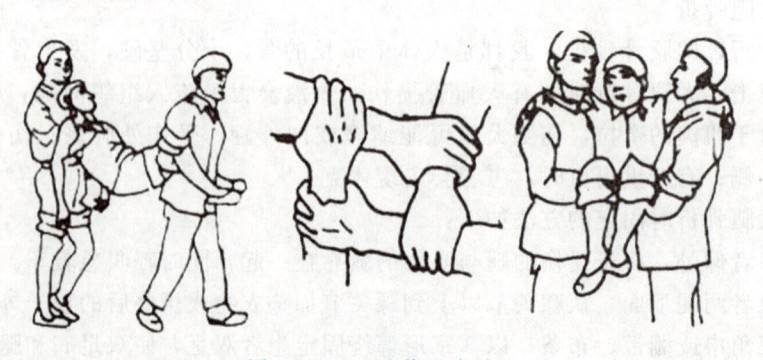

图 4-11　双人搬运方法

(二) 常见疾病的急救

1. 猝死

猝死又称突然死亡，是指平素看起来健康或病情已基本得到控制的人，在很短的时间内突然发生意想不到的非创伤性死亡。猝死往往来不及救治，属于临床急症。由于猝死多发生在发病后1小时内，因此，心脏病专家将发病后1小时内的死亡定为猝死的标准。

(1) 猝死的症状

多数人猝死前无明显预兆。有些人以前有过心绞痛发作史，心绞痛突然加剧，表现为面色灰白、大汗淋漓、血压下降，特别出现频繁的室性早搏，这常为"猝死"的先兆。有的人出现原来没有的症状，如显著疲乏感、心悸、呼吸困难、精神状态不佳等。随后，由于心搏骤停，其面部表现为神志不清、高度发绀、痉挛、瞳孔固定并扩大，或出现几次喘息样呼吸而进入临床死亡。如果不及时发现并进行心脏复苏抢救，或抢救无效，患者可很快（4～6分钟）进入不可逆的生物学死亡状态。

(2) 猝死的急救

一般来说，猝死有三个特点，即死亡急骤、死亡出人意料、自然死亡或非暴力死亡。多数患者在家中或正常工作时突然发病，因此及时的现场救护就显得非常重要。当发现有人突然意识丧失倒地时，不能慌乱，应先让患者平卧，拍击其面颊并呼叫，同时用手触摸其颈动脉部位以确定有无搏动。若患者无反应且没有动脉搏动，救护者应在几秒钟内使用拳击的方法使患者恢复心跳：拳头举高20～30厘米，捶击患者胸骨中下1/3处1～2次，然后判断患者心跳有无恢复。

如患者未能立即出现自发的脉搏和呼吸，则救护者需要对其进行心肺复苏。

只有当患者的呼吸和心跳恢复后，才能以妥善的方式将其护送到医院继续接受治疗。

(3) 猝死的预防

猝死发病急，但不是没有应对措施。学生在生活中和参加运动时应该密切关注身体的变化，预防猝死等意外事件的发生。

①出现不适早检查。学生应注意运动前、运动中或运动后出现的胸闷、压迫感、极度疲劳等症状，如症状明显应及时中止运动，去医院进行详细检查。

②运动强度要适宜。学生在体育锻炼时应该坚持循序渐进和因人而异的原则，运动前进行充分的准备活动，运动后进行整理活动，避免平时不运动，偶尔突然超负荷运动情况的出现。学生应根据自己身体状况采取不同的运动强度，防止出现过度训练和过度紧张，减少心律失常现象的出现。

③养成良好的生活习惯。养成良好的生活习惯对于预防猝死也很重要。学生平时不要吸烟，少吃高脂食品和盐，多吃蔬菜和水果，保证睡眠时间和质量，保持良好的思想情绪，避免精神过度紧张和超负荷运动。

2. 昏厥

昏厥又称晕厥、虚脱、昏晕、昏倒，是由过性脑缺血（缺氧）引起的短暂的意识丧失。学生晕厥比较常见，严重地影响学习、生活和身体健康。因此，掌握必要的急救常识很有必要。

(1) 引起昏厥的原因

引起昏厥的原因有很多，如由恐惧、焦虑、急性感染、创伤、剧痛引起的血管迷走性昏厥，因低血压引起的体位性昏厥，由风心病、冠心病及严重心律失常、心力衰竭引起的心源性昏厥等。但发生在学生身上的昏厥又有自己的特点。部分女生平时很少运动，身体素质比较差，当出现疲劳、情绪低落、食欲差、能量补充不足等诸多不良因素时，容易出现意识丧失而突然晕倒。无论何种昏厥，发病时多突然开始有头晕、心慌、恶心呕吐、面色苍白、全身无力等症状，随之意识丧失，昏倒在地。

(2) 昏厥的急救

一旦身边出现昏厥的患者，应该抓紧时间进行急救。

①使患者平卧，头放低，松解其衣扣。见到患者前额出汗、脸色苍白或申诉头晕，或已昏厥，就应立即扶患者躺到床上，抬高下肢，不要用枕，解开其领扣、腰带和其他紧身的衣物。如果现场环境无床或不允许患者躺下，可以让其坐下并把头垂到双膝之间。如果患者不能躺下或坐下，可让其单腿跪下，俯伏上身（像系鞋带的姿势一样）。这样，患者的头部就处在比心脏低的位置，状况可能很快好转。千万不要把昏倒在地的患者扶起来坐下，而要让他躺在地下，身子放平。

②用手掐患者人中穴。妥善处置好晕厥者的姿势后，救护者可用手指患者的人中穴，迫使其很快清醒。患者一般在 5 分钟内便能恢复神志，否则应立即将其送往医院寻求专业急救。患者醒后至少仰卧 10 分钟，过早起身可使昏厥复发。患者意识恢复后，可饮少量水或茶。如果是原因不明的晕厥，救护者应尽快将其送医院诊治。

(三) 户外急救

户外劳动或户外活动是学生走出教室，投身大自然的怀抱，接受阳光、空气，体验和感受野外生活乐趣的重要途径。它不仅能培养学生克服困难的精神、提高适应自然环境的能力，而且能在集体活动中，增进同学之间的友谊，丰富社会生活。但是，其中也存在着一定的意外和危险，所以，学生掌握一定的户外急救技能很有必要。

1. 伤口处理

伤口暴露容易被病菌感染，特别是在野外卫生条件不好的情况下，更应该及时处理好伤口。

(1) 小伤口的处理

先要清洁伤口，将碎片、泥土等杂物清除，并且除去已经坏死的组织；然后用碘酒及酒精迅速擦拭伤口，进行消毒；最后将大小合适、干净的纱布轻轻盖在伤口表面，贴上胶布固定。

(2) 动脉出血的处理

动脉出血时应立即用止血带或手指压在伤口近心端的一侧，使血管被压闭住，中断血流，但不能压得太松或太紧，以血液不再流出为度。缚止血带的时间，原则上不超过 1 小时，如需要较长时间，则应每隔半小时松解止血带半分钟左右。在松解止血带的同时，应压住伤口，以免大量出血。同时，应争取时间将患者送医院处理。

2. 脱白的急救

脱白又称关节脱位，是因外力或其他原因造成关节各骨的关节面失去正常的对合

关系。其中，臂部尤其容易脱臼。如果发现臂部脱臼，救护者应脱去鞋子，把脚放在患者腋下，用手拖动患者脱臼的臂部，使之复位。另一种可行但是更冒险的方法是先屈肘90°，用作杠杆，顶住患者关节窝使之复位，然后用吊索支持臂部，并用绷带使之与胸部固定。

3. 骨折的急救

骨折是指由于外伤或病理等原因致使骨头部分或完全断裂的一种疾病。如在野外劳动或集体活动时发生骨折，应该先固定伤肢，以避免搬动过程中骨折部位的软组织、血管、神经或内脏器官的进一步损伤。这时候需要用到的夹板应该就地取材，树枝、木棍、木板等都可以用来做夹板。

4. 冻僵的急救

冬天在野外劳动或活动时，因为天气的原因，有可能会被冻僵。冻僵是指人体遭受严寒侵袭，全身降温所造成的损伤。患者表现为全身僵硬、感觉迟钝、四肢乏力、头晕，甚至神志不清、知觉丧失，最后会因呼吸、循环系统衰竭而死亡。

发生冻僵的患者已无力自救，救护者应立即将其转运至温暖的房间内，搬运时动作要轻柔，避免其僵直的身体受到损伤；然后迅速脱去患者潮湿的衣服和鞋袜，为其盖上被子；用布或衣物裹热水袋、水壶等，放在患者腋下、腹股沟处，使其体温升高，或将患者放在38~42 ℃的温水中浸浴。如果患者的衣物已冻结在肢体上，不可强行脱下，以免损伤患者皮肤，救护者可将人连同衣物一起放入温水中，待解冻后取下。当患者出现有规律的呼吸后停止加温。患者意识恢复后可饮用热饮料或少量酒。

5. 溺水的急救

游泳是不少青少年喜爱的体育锻炼项目之一，它既可以解除夏季的炎热，又能够起到锻炼身体的作用。但是，如果不做好准备、缺少安全防范意识，遇到意外时慌乱无措，极易发生溺水伤亡事故。因此，掌握一定的溺水急救技能分外重要。

（1）溺水的预防

为了确保游泳安全，防止溺水事故的发生，必须做到以下几点：

①选择安全的游泳场所。不要独自一人外出游泳，更不要到不知水情或比较危险且易发生溺水伤亡事故的地方游泳。选择好的游泳场所，对场所的环境，如该游泳场所是否卫生，水下是否平坦，有无暗礁、暗流、杂草，水域的深浅等情况要了解清楚。

②要有专人带领。学生要在熟悉水性者的带领下去游泳，以便对他的照顾。如果集体组织外出游泳，组织者在学生下水前后都要清点人数，并指定救生员做安全保护。

③做好游泳前的准备。下水之前要清楚自己的身体健康状况，平时四肢容易抽筋者不宜游泳，也不要到深水区游泳。要做好下水前的准备：先活动身体，如水温太低应先在浅水处用水淋洗身体，待适应水温后再下水游泳；镶有假牙的同学，应将假牙取下，以防呛水时假牙落入食管或气管。

④游泳时要谨慎。对自己的水性要有自知之明，下水后不能逞能，不要贸然跳水和潜泳，更不能互相打闹，以免呛水和溺水。不要在急流和旋涡处游泳，更不要酒后游泳。

⑤感到不适要早防备。在游泳中如果突然觉得身体不舒服，如眩晕、恶心、心慌、

气短等，要立即上岸休息或呼救。若小腿或脚部抽筋，不要惊慌，可用力蹬腿或做跳跃动作，或用力按摩、拉扯抽筋部位，同时呼叫他人救助。

(2) 溺水者的岸上急救

①打120急救电话。如果溺水者情况比较严重，先应该在周围群众的帮助下拨打120急救电话，待专业医生迅速赶到施以援救。在拨打120急救电话时一定要说清溺水的地点、人数及溺水者的大致状况，让医生做好准备。

②清除溺水者口、鼻中的杂物。在急救人员到来之前，现场人员应该抓紧时间实施急救。将溺水者抬出水面后，首先应立即清除其口、鼻中的淤泥、杂草、泡沫和呕吐物，使其上呼吸道保持畅通。如果发现溺水者喉部有阻塞物，则可将溺水者身体翻转过来，在其后背用力拍，将阻塞物拍出来。如果溺水者牙关紧闭，口难张开，救护者可在其身后，用两手拇指顶住溺水者的下颌关节用力前推，同时用两手食指和中指向下扳其下颌骨，将其嘴掰开。为防止已张开的口再闭上，可将小木棒放在溺水者上下牙床之间。

③人工呼吸。救护者对呼吸停止者应立即进行人工呼吸，一般以口对口吹气为最佳。救护者位于溺水者一侧，托起溺水者下颌，捏住溺水者鼻孔，深吸一口气后，往溺水者嘴里缓缓吹气，待其胸廓稍有抬起时，放开其鼻孔，并用一手压其胸部以助呼气。反复并有节律地（每分钟吹12～15次）进行，直至溺水者恢复呼吸为止。

④胸外心脏按压。将溺水者救上岸后，如发现溺水者的心跳已停或极其微弱，则应立即施行胸外心脏按压，通过间接挤压心脏使其收缩与舒张，恢复泵血功能。胸外心脏按压与人工呼吸的配合施行，是对尚未出现死亡现象的溺水者的生命进行挽救，使其恢复自主心跳与呼吸的重要手段。胸外心脏按压的具体做法为：让溺水者仰卧，背部垫一块硬板，头部稍后仰。救护者位于溺水者一侧，面对溺水者，右手掌平放在其胸骨下段，左手放在右手手背上，缓缓用力按压（不能用力太猛，以防溺水者肋骨骨折），使胸骨下陷3～4厘米，然后迅速放松（手不离开胸部）。如此反复有节律地（每分钟60～80次）进行，直到溺水者心跳恢复为止。

6. 中暑的急救

学生如果在夏季进行剧烈运动或长时间从事重体力劳动，如马拉松锻炼或军训均有可能发生中暑。中暑俗称暑热，是由于体温调节中枢功能障碍、汗腺功能衰竭和水电解质丢失过多引起的疾病。中暑常发生在气温超过32℃和湿度大于60%、无风的夏季。

(1) 中暑的症状

中暑的程度可以分为三级，即先兆中暑、轻度中暑和重度中暑。先兆中暑患者有头痛、眩晕、口干、舌燥、出汗、疲劳、注意力不集中和动作不协调等症状；轻度中暑患者除具有先兆中暑的表现外，还有肌肉痉挛疼痛或直立性晕厥、体温轻度升高、面色潮红、皮肤灼热、脉搏加快、呼吸急促和血压下降等脱水表现；重度中暑又称热射病或日射病，表现为高热、昏迷、惊厥和多器官衰竭。重度中暑是一种致命性急症，病死率极高，患者常死于呼吸、循环系统衰竭或急性肾衰竭。

(2) 中暑的现场急救

中暑后体温升高的程度及持续时间长短与病死率直接相关。因此，发现中暑患者，应迅速采取以下急救措施，减少或防止悲剧性事件的发生。

①将患者转移到阴凉通风处。对中暑者，要及时使其脱离高温环境，可将患者转移到阴凉通风处休息，使其平卧，头部抬高，衣扣打开。

②补充体液。如果中暑者神志清醒，并无恶心、呕吐症状，可饮用含盐的清凉饮料、茶水、绿豆汤等，以起到降温、扩充血容量的作用，也可饮淡盐水（0.2%～0.3%的氯化钠溶液）。对神志不清的患者，最好不要喂水，以防止误吸。有条件者，可静脉输注5%的葡萄糖生理盐水或复方氯化钠溶液。

③人工散热，物理降温。有条件时，可用电扇通风或空调降温，促进散热，但不能直接对着患者吹风，防止造成感冒。也可采用物理降温，如将冰袋置于患者的头、颈、腋下、腹股沟等处，或用酒精擦患者的头、颈、腋下、腹股沟等处，都可以达到迅速降温的效果。患者如无低血压或休克表现，可将患者躯体浸入27～30 ℃的水中15～30分钟，也可以达到迅速降温的效果。对血压不稳定者，可采用蒸发散热降温的方法，如用23 ℃的冷水反复擦拭皮肤，同时用电风扇或空调促使其散热。

④拨打急救电话。对重度中暑者，在采取上述措施的同时，应立即拨打120，将其迅速送往有条件的大医院急诊科治疗。

(3) 中暑的预防

①注意饮食。饮食方面，首先应注意补充水分。夏季人体水分挥发较多，我们不能等渴了再喝水，那时身体已处于缺水状态。另外，身体中的一些微量元素会随着水分的蒸发被带走，我们应适当喝一些盐水。食物方面，要补充足够的蛋白质，如鱼、肉、蛋、奶和豆类等；应多吃能预防中暑的新鲜果蔬，如西红柿、西瓜、苦瓜、桃、乌梅、黄瓜等。

②做好防晒工作。在外出时，要做好防晒工作，戴太阳镜、遮阳帽或使用遮阳伞，着浅色、透气、宽松的棉、麻、丝质服装，便于汗液挥发，有利于散热。烈日炎炎下长时间骑车最好穿长袖衬衫，或使用披肩，戴遮阳帽。中午至下午2时阳光最强时，尽量不要待在户外，有条件的可适当进行午休。曾经发生过中暑的人，恢复后数周内，应避免进行室外剧烈活动和在烈日下暴晒。

③随身携带防暑药品。进行长时间户外运动时，要准备好防暑药品（如藿香正气水等）。出汗较多时应多饮含盐类或多种水溶性维生素的清凉饮料，保持水和盐的代谢平衡。

7. 咬伤与蜇伤的急救

学生在户外活动时，可能会遇到被蚊虫等咬伤、叮伤或蜇伤的情况，很多人会因为受伤后处理不当而造成感染或病情加重。现将一些常见的动物咬伤、蜇伤的紧急处理办法介绍如下：

(1) 蜂类蜇伤的急救

被蜂蜇伤后，其毒针会留在人体皮肤内，必须用消毒针将叮在肉内的断刺剔出，然后用力掐住被蜇伤的部位，用嘴反复吸吮，以吸出毒素。如果身边暂时没有药物，

可先用肥皂水冲洗患处,再涂些食醋或柠檬汁。如果患者发生休克,在通知急救中心或去医院的途中,要注意保持患者的呼吸畅通,并进行人工呼吸、胸外心脏按压等急救处理。

(2) 猫狗咬伤的急救

狂犬病是人被猫狗等动物咬伤而感染狂犬病毒所致的急性传染病。狂犬病毒能在狗或猫的唾液腺中繁殖,它们咬人后通过在其伤口处残留唾液使人感染。有的猫狗虽无狂犬病表现,却带有狂犬病毒,它们咬人后照样可以使人感染狂犬病毒而得狂犬病。目前,狂犬病治疗无特效药物,死亡率高达100%,所以人被狗或猫咬伤后必须及时救治。

①挤血排毒。如果伤口流血,在流血不多的情况下,不要急于止血,因为流出的血液可以将残留在伤口处的猫狗唾液一并带走。对于渗血的伤口,尽量从近心端(伤口离心脏近的位置)挤压伤口使出血,排出残留的唾液。

②冲洗伤口。冲洗伤口时注意:一是要快。分秒必争,以最快的速度将沾染在伤口上的狂犬病毒冲洗掉。二是要彻底。由于猫狗咬的伤口往往外口小、里面深,这就要求冲洗时,尽量把伤口扩大,让其充分暴露,并用力挤压伤口周围软组织,而且冲洗的水量要大、水流要急,最好是对着自来水水龙头急水冲洗。三是伤口不可包扎。除个别伤口大而且伤及血管的情况下需要止血外,一般不上任何药物,也不要包扎,因为狂犬病毒是厌氧的,在缺乏氧气的情况下,狂犬病毒会大量生长繁殖。

③注射狂犬疫苗。反复冲洗伤口后,再到医院做进一步伤口冲洗处理,接着应接种狂犬病疫苗。这里特别要指出的是,在被猫狗咬伤后,不可对伤口直接涂上红药水包上纱布。切忌长途跋涉赶到大医院求治,而是应该立即、就地、彻底冲洗伤口,在24小时内到医院注射狂犬疫苗。

(3) 毒蛇咬伤的急救

毒蛇的种类有很多,有的甚至含有剧毒,被毒蛇咬伤后如不及时抢救会危及生命。因此,在有蛇出没的地区活动,应掌握毒蛇咬伤后的急救措施。

①防止毒液扩散和吸收。被毒蛇咬伤后,不要惊慌失措、奔跑走动,这样会促使毒液快速向全身扩散。患者应立即坐下或卧下,自行或呼唤别人来帮助,迅速用鞋带、裤带之类的绳子绑扎伤口的近心端。如果手指被咬伤可绑扎指根,手掌或前臂被咬伤可绑扎肘关节,脚趾被咬伤可绑扎趾根部,足部或小腿被咬伤可绑扎膝关节下,大腿被咬伤可绑扎大腿根部。绑扎无须过紧,其松紧度掌握在能够使被绑扎的下部分体动脉搏稍微减弱为宜。绑扎后每隔30分钟左右松解一次,每次1~2分钟,以免影响血液循环,造成组织坏死。

②迅速排出毒液。立即用凉开水、泉水、肥皂水或1:5000的高锰酸钾溶液冲洗伤口及周围皮肤,以洗掉伤口外表毒液。如果伤口内有毒牙残留,应迅速用小刀或碎玻璃片等尖锐物(使用前最好用火烧后消毒)挑出,并以牙痕为中心做十字切开,深至皮下,然后用手从肢体的近心端向伤口方向及伤口周围反复挤压,促使毒液从切开的伤口排出体外,边挤压边用清水冲洗伤口。冲洗挤压排毒须持续20~30分钟。此后,如果随身带有茶杯,就对伤口做拔火罐处理:先在茶杯内点燃一小团纸,然后迅

速将杯口扣在伤口上，使杯口紧贴伤口周围皮肤，利用杯内产生的负压吸出毒液。如无茶杯，也可用嘴吮吸伤口排毒，但吮吸者的口腔、嘴唇必须无破损、无龋齿，否则有中毒的危险。吸出的毒液随即吐掉，吸后要用清水漱口。

③排毒之后要治疗。由于毒液是剧毒物，只需要极小量即可致人死亡，所以患者绝不能因惧怕疼痛而拒绝对伤口切开做排毒处理。患者若身边备有蛇药，可立即口服以解内毒；若口渴，可饮足量清水，切不可饮用含酒精类饮料以防止毒素扩散加快。对于经过切开排毒处理的患者，救护者要尽快用担架、车辆将其送往医院接受进一步的治疗，以免延误治疗时机。

④转运送过程中要消除患者的紧张心理，使其保持安静。

另外，被蜈蚣、蝎子、蜂、毒蜘蛛等咬、蜇伤时，人也会像被毒蛇咬伤那样中毒以致死亡，所以，患者也要及时自救或由救护者将其及时送往医院救治。其救护措施与被毒蛇咬伤的救护措施类似。被昆虫叮咬或蜇伤时，可先用冰块或凉水冷敷，然后在伤口处涂抹氨水。如果被蜜蜂蜇了，应先用镊子将刺拔出，然后再抹氨水或牛奶。

第二节　劳动保障

为了保护劳动者的合法权益，调整劳动关系，建立和维护适应社会主义市场经济的劳动制度，促进经济发展和社会进步，我国根据宪法制定了《中华人民共和国劳动法》(1994年7月5日第八届全国人民代表大会常务委员会第八次会议通过　根据2009年8月27日第十一届全国人民代表大会常务委员会第十次会议《关于修改部分法律的决定》第一次修正　根据2018年12月29日第十三届全国人民代表大会常务委员会第七次会议《关于修改〈中华人民共和国劳动法〉等七部法律的决定》第二次修订)

一、劳动者的权利

《中华人民共和国劳动法》规定了劳动者在劳动关系中的各项权利，主要有以下几个方面：

(一) 劳动者有平等就业的权利

劳动者有平等就业的权利是指具有劳动能力的公民，有平等地获得职业的权利。劳动是人们生活的第一个基本条件，是创造物质财富和精神财富的源泉。劳动就业权是有劳动能力的公民获得参加社会劳动和切实保证按劳取酬的权利。公民的劳动就业权是公民享有其他各项权利的基础。劳动者有选择职业的权利。如果公民的劳动就业权不能实现，其他一切权利也就失去了基础。

(二) 劳动者有选择职业的权利

其是指劳动者可根据自己的意愿选择适合自己才能、爱好的职业。劳动者拥有自由选择职业的权利，有利于劳动者充分发挥自己的特长，促进社会生产力的发展。劳动者在劳动力市场上作为就业的主体，具有支配自身劳动力的权利，可根据自身的素

质、能力、志趣和爱好，以及市场资讯，选择用人单位和工作岗位。选择职业的权利是劳动者劳动权利的体现，是社会进步的一个标志。

（三）劳动者有取得劳动报酬的权利

随着劳动制度的改革，劳动报酬成为劳动者与用人单位所签订的劳动合同中的必备条款。劳动者付出劳动，依照合同及国家有关法律取得报酬，是劳动者的权利。而及时定额地向劳动者支付工资，则是用人单位的义务。用人单位违反这些应尽的义务，劳动者有权依法要求有关部门追究其责任。获取劳动报酬是劳动者持续地行使劳动权不可少的物质保证。

（四）劳动者有权获得劳动安全卫生保护的权利

这是保证劳动者在劳动中的生命安全和身体健康，是对享受劳动权利的主体切身利益最直接的保护。其包括防止工伤事故和职业病。如果企业劳动保护工作欠缺，其后果是不仅会使劳动者的某些权益丧失，而且会使劳动者的健康和生命直接受到伤害。

（五）劳动者享有休息的权利

我国宪法规定，劳动者有休息的权利，国家发展劳动者休息和休养的设施，规定职工的工作时间和休假制度。

（六）劳动者享有社会保险和福利的权利

疾病和年老是每一个劳动者都不可避免的。社会保险是劳动力再生产的一种客观需要。劳动保险包括养老保险、医疗保险、工伤保险、失业保险、生育保险等。但目前我国的社会保险还存在一些问题，社会保险基金制度不健全，国家负担过重，社会保险的实施范围不广泛、发展不平衡、社会化程度低，影响劳动力合理流动。

（七）劳动者有接受职业技能培训的权利

我国宪法规定，公民有受教育的权利和义务。所谓受教育既包括受普通教育，又包括受职业教育。公民要实现自己的劳动权，必须拥有一定的职业技能，而要获得这些职业技能，越来越依赖于专门的职业培训。因此，劳动者若没有职业培训权利，那么劳动就业权利也就成为一句空话。

（八）劳动者有提请劳动争议处理的权利

劳动争议是指劳动关系当事人，因执行《中华人民共和国劳动法》或履行集体合同和劳动合同的规定引起的争议。劳动关系当事人，作为劳动关系的主体，各自存在着不同的利益，双方不可避免地会产生分歧。用人单位与劳动者发生劳动争议，劳动者可以依法申请调解、仲裁、提起诉讼。劳动争议调解委员会由用人单位、工会和职工代表组成。劳动仲裁委员会由劳动行政部门的代表、同级工会、用人单位代表组成。解决劳动争议应该贯彻合法、公正、及时处理的原则。

（九）法律规定的其他权利

法律规定的其他权利包括依法参加和组织工会的权利，依法享有参与民主管理的权利，依法享有参加社会义务劳动的权利，从事科学研究、技术革新、发明创造的权利，依法解除劳动合同的权利，对用人单位管理人员违章指挥、强令冒险作业有拒绝

执行的权利，对危害生命安全和身体健康的行为有权提出批评、举报和控告的权利，对违反劳动法的行为有进行监督的权利等。

案例分享

《民法典》里劳动者权益保护的"那些事"

根据新闻报道，某公司业务部门 7 名员工因业务不佳被罚吃"死神辣条"，后多身体出现不同程度不适，其中两名女员工被送往医院，查出胃绞痛、胃炎。还有公司让员工吃"蚯蚓""芥末"等以惩罚业绩不佳的员工……近年来，员工未完成业绩要"打耳光""跪地爬""裸体跑"等类似新闻屡见不鲜，这实际上严重侵犯到个体的人格权。

2020 年 5 月 28 日，第十三届全国人民代表大会第三次会议通过了《中华人民共和国民法典》（以下简称《民法典》），自 2021 年 1 月 1 日起施行。从劳动者权益保护的角度看，《民法典》为保护劳动者权益补充了包括人格权等在内的新内容。

第一，民事主体享有人格权。《民法典》第九百九十条规定："除前款规定的人格权外，自然人享有基于人身自由、人格尊严产生的其他人格权益。"这是对我国宪法规定的"加强劳动保护"和"改善劳动条件"精神的贯彻，也是对《劳动法》规定的劳动者劳动权利的细化。因此，该条款实施后，人格权将得到更全面、更到位的保护。

第二，扩大了用人单位的主体范围。《劳动合同法》规定，中华人民共和国境内的企业、个体经济组织、民办非企业单位等组织是用人单位；《劳动合同法实施条例》进一步明确依法成立的会计师事务所、律师事务所等合伙组织和基金会，属于《劳动合同法》规定的用人单位。而《民法典》中列明以下民事主体今后均可以作为劳动法上的用人单位，应当对其招用的劳动者承担相应的法律责任：公司及各类企业等营利法人，事业单位、社会团体、基金会、社会服务机构（依法设立的慈善机构、宗教场所）等非营利法人，机关、农村集体经济组织、城镇农村的合作经济组织、基层群众性自治组织等特别法人，以及个人独资企业、合伙企业等非法人组织。

第三，误解协议撤销及合伙人报酬更明确。《民法典》第一百五十二条规定："……重大误解的当事人自知道或者应当知道撤销事由之日起九十日内没有行使撤销权的，撤销权消灭。"根据条文规定，如果个人在职期间或离职时与单位签订了协议书，对内容存在重大误解的一定要在知悉该情形后九十日内行使撤销权，否则过期将无法维权。另外，针对合伙人提供劳动有无报酬的问题，《民法典》第九百七十一条规定："合伙人不得因执行合伙事务而请求支付报酬，但是合伙合同另有约定的除外。"也就是说，劳动者作为合伙人为合伙组织提供劳动，执行合伙事务，要特别注意在合伙合同中约定清楚是否支付报酬，否则事后不能依照《劳动法》的相关规定主张劳动报酬、缴纳社会保险等权益。

第四，用人单位有义务预防和制止性骚扰。《民法典》同时涉及了职场的性骚扰问题。《民法典》第一千零一十条规定："违背他人意愿，以言语、文字、图像、肢体行为等方式对他人实施性骚扰的，受害人有权依法请求行为人承担民事责任。机关、企业、学校等单位应当采取合理的预防、受理投诉、调查处置等措施，防止和制止利用职权、从属关系等实施性骚扰。"然而，对于制止性骚扰行为，用人单位应该负什么责

任,应建立怎样的预防性骚扰机制,目前法律尚未明确,需要未来法规或司法解释进一步细化。

第五,劳动者履职造成的损害由单位先担责。《民法典》明确了"劳动者因履职造成的损害"的责任承担程序。条文第一千一百九十一条规定:"用人单位的工作人员因执行工作任务造成他人损害的,由用人单位承担侵权责任。用人单位承担侵权责任后,可以向有故意或者重大过失的工作人员追偿。劳务派遣期间,被派遣的工作人员因执行工作任务造成他人损害的,由接受劳务派遣的用工单位承担侵权责任;劳务派遣单位有过错的,承担相应的责任。"现行规定下劳动者履职给单位造成经济损失的,只有双方劳动合同有特别约定时,单位才可以按照约定追偿,没有约定则缺乏维权依据。而《民法典》实施后,劳动者履职中因重大过失给单位造成损失的,单位在对外承担赔偿责任后可以直接依法向劳动者追偿。也就是说,对劳动者来说,工作中需要更加谨慎、用心,严格按照操作规程履职,否则赔偿风险增加。

二、劳动者的义务

劳动者的义务是指劳动者必须履行的义务。劳动义务是指《中华人民共和国劳动法》规定的对劳动者必须做出一定行为或不得做出一定行为的约束。权利和义务是密切联系的,任何权利的实现总是以义务的履行为条件,没有权利就无所谓义务,没有义务就没有权利。劳动者有劳动就业的权利,而劳动者一旦与用人单位产生劳动关系,就必须履行其应尽的义务,其中最主要的义务就是完成劳动生产任务。这是劳动关系范围内的法定的义务,也是强制性义务。劳动者不能完成劳动义务,就意味着劳动者违反劳动合同的约定,用人单位可以解除劳动合同。《中华人民共和国劳动法》规定了劳动者的各项权利,也要求劳动者履行以下基本义务。

(一)完成劳动任务——最基本的义务。
(二)提高职业技能。
(三)执行劳动安全卫生规程。
(四)遵守劳动纪律。
(五)遵守职业道德。

权利与义务的关系:在社会主义制度下,劳动者的权利与义务是统一的。在社会主义制度下,每一位劳动者都是国家的主人。劳动者的主人翁地位是由劳动者享有的基本权利和劳动者履行的基本义务构成的,是通过劳动者的权利和义务体现出来的。劳动者的权利和义务是相互依存、不可分离的。任何权利的实现总是以义务的履行为条件。没有权利就无所谓义务,没有义务就没有权利。劳动者在享有法律规定的权利的同时,还必须履行法律规定的义务。只有坚持权利和义务的统一,才能充分体现劳动者的主人翁地位。

案例分享

蔡某于2015年7月23日进入某包装公司从事销售主管工作。同日,双方签订《保密协议》,约定保密义务人蔡某因各种原因离开公司的,自离开公司之日起两年内不得

自营与公司业务相关、类似业务或为公司的竞争者提供服务，不得从事与其在公司生产、研究、开发、经营、销售有关的工作，并对其所获得的商业秘密严加保守，不得以任何理由或借口予以泄露。保密义务人违反协议中的保密义务，应承担违约责任，并支付至少相当于其一年工资的违约金。

2019年2月，蔡某与该包装公司解除劳动合同。2019年1月14日，蔡某配偶张某设立了一家包装公司，并担任企业法定代表人。蔡某离职后，遂为其配偶所设公司向原包装公司的客户推销同类竞争产品，同时，由某运输公司代蔡某缴纳社保。蔡某原所在的某包装公司获悉后，要求蔡某继续履行竞业限制义务，并支付违反竞业限制违约金，相关争议引发仲裁、诉讼。一审法院判决支持某包装公司诉讼请求。蔡某不服、上诉，二审法院审理后做出终审判决：驳回上诉，维持原判。

【典型意义】

实践中，劳动者隐性违约、规避竞业限制义务再就业的情况时有发生。以无竞争关系的单位代缴社保掩人耳目，进入以亲友名义开设的竞争性企业就业，本案便是竞业限制领域劳动者隐性违约的典型案例。蔡某配偶在蔡某在职期间即设立同类包装公司，与蔡某原就职的包装公司的经营范围重合。仲裁、诉讼中，蔡某皆提供社保明细，欲证明其未在相关竞争性企业提供劳务。法院查明事实后，认定蔡某违反竞业限制义务，在与公司业务相同的竞争性企业工作，对蔡某原所在的包装公司合理合法的诉讼请求予以支持。

三、劳动者权利的主要实现方式

一般来说，从实力对比看，劳动关系的两个主体——劳动者和用人单位，劳动者往往处于弱势，用人单位则处于相对的强势。为了使法律规定的劳动者权利得到切实的实现，我国采取了工会和职工代表大会的组织形式，由其代表职工和组织职工参加国家和社会事务的管理，以及在企业中组织和代表职工参与企业的决策和管理。显然，工会和职工代表大会是代表与维护劳动者权益的主要组织，是劳动者实现劳动权利的主要途径之一。

从工会和职工代表大会的作用和地位看，工会和职工代表大会可代表劳动者具体行使下列职权。

（一）听取和审议厂长关于企业的经营方针、年度计划、基本建设方案、重大技术实施方案、职工培训计划、留用资金分配和使用方案、承包和租赁经营责任制方案的报告，提出意见和建议。

（二）同意或否决企业的工资调整方案、奖金分配方案、劳动保护措施、奖惩办法及其他重要的规章制度。

（三）审议决定职工福利基金使用方案、职工住宅分配方案和其他有关职工生活福利的重大事项。

拓展阅读

基本案情　　中华人民共和国劳动法（学习强国）

（四）监督企业各级行政领导干部，提出奖惩和任免建议。

（五）根据政府主管部门的决定选举厂长，报政府主管部门批准。

思考与练习

1. 你所了解的生活中常见的安全标志有哪些？它们所表示的含义是什么？

2. 日常生活劳动中或工作中存在哪些安全隐患，应该注意什么？

3. 心肺复苏的步骤是什么？

4. 结合"劳动者的权益是不可忽视的，他们的福利和权益的保障是社会进步的基础，也是人类文明的体现"，谈谈劳动者有哪些权利。

第五章 劳动·梦想

> 人的天赋就像火花，它既可以熄灭，也可以燃烧起来。而逼使它燃烧成熊熊大火的方法只有一个，就是劳动、再劳动。
>
> ——高尔基

核心问题

1. 为什么要重视宿舍文明？
2. 理解校园文化建设的重要性。
3. 大学生如何在专业知识学习中践行工匠精神、实现梦想？
4. 明确公益劳动对个人和社会的重要性。

第一节　日常生活劳动

一、我们的小家

（一）宿舍的地位

宿舍是我们第二个家，它是每个大学生学习、生活的一个重要场所。大学生最初的社会人际交往经验就是从宿舍开始的，所以构建和谐宿舍能够培养大学生良好的生活态度以及积极的人际交往方式。因此，宿舍文明直接关系到我们今后的成长。

宿舍文明是指大学生在以宿舍为主要空间共同学习生活的过程中所形成的环境和氛围。它包括宿舍的设施、环境卫生、室内陈设和宿舍成员的生活方式及其多种多样的闲暇活动，以及由此而表现出来的各种思想观念、行为方式等。

构建和谐宿舍，不仅是对物理环境的改善，而且是对宿舍文化、人际关系和谐程度的提升。在新时代背景下，和谐宿舍的构建是推动高校大学生管理工作的重要内容，也是促进大学生全面发展的必要条件。要构建理想的和谐宿舍是一项系统工程，需要我们持之以恒、细致入微地推进。

在宿舍条件改变的同时，宿舍人文环境也发生了巨大的变化，宿舍已不再单单是一个睡觉的地方。和平与发展已成为时代的主题，构建和谐宿舍也就成为建设现代大学的首要任务。从精神方面来看，大学生宿舍文化具有以下几个特点：

1. 感染性

大学生宿舍文化使宿舍成员这一特殊群体在感情及情绪方面相互交流、相互感染中形成了心理上的认同，其感染性深深地影响着大学生的思想、观念和行为。

2. 倾向性

倾向性是指宿舍成员受他人的心理感染而形成自己的判断；遵从、模仿他人，再现他人的行为和意见，从而形成统一的看法或行为；表现出相对一致的外部特征；对事物抱有相同的看法或喜好；等等。

3. 动态性

大学生容易受社会上各种文化与价值观念的影响，在心理、情绪等方面易变。如兴奋点经常转移、思维跳跃跨度大、涉及领域广、转换节奏快，这些都使大学生宿舍文化处于一种不稳定的状态。

4. 潜在性

大学生宿舍文化对个体的影响主要不是通过规章、制度、纪律、条例等外部强制力量来完成的，而是通过宿舍文化所形成的精神氛围和相应的物质环境，在潜移默化之中形成的。它是一种无形的约束力，虽不具有强制性，却能引起个体感情上的共鸣，使个体有意无意地受到启发和感染，进而形成一种自觉、内在的驱动力。

在宿舍这个集体中，大学生最需要的是一种集体认同感，既要去除唯我独尊的心理，又要懂得"我生活在寝室中，大家离不开我，我也离不开大家""大家同居一个寝

室，要相互理解、相互帮助"。同时，大学生之间要保持自我，不要人云亦云，要有自己的想法，自己定下的目标不要因为外界因素的影响而轻易改变，对别人的意见不要盲目听取，要有自己的判断。

（二）怎样构建和谐宿舍

构建和谐校园是构建和谐社会的重要组成部分。我们把构建和谐校园这个大的论题分解后，就会发现构建和谐宿舍这样的基础单位对构建和谐校园起着举足轻重的作用。

培养良好的宿舍人际关系，不仅有利于培养大学生良好的生活习惯，而且有利于培养大学生健康的心理，对大学生的人生观、价值观也有着深远影响。那我们该如何构建宿舍和谐的人际关系呢？

1. 以诚交流

在大学生宿舍交往文化中，为人处世是否以诚为本是评价大学生之间人际关系是否和谐的重要标准。舍友的相互理解与尊重是以真诚相待的根基，若做不到这一点，就谈不上相互帮助与支持。如果戴着一副面具做人，满是虚情假意，大家自然会感受到，长久下去，便会对你敬而远之。

2. 善于沟通

良好的沟通能缩小人与人之间心灵的距离，而许多大学生因缺乏良好的沟通技巧，容易不恰当地表达自己的想法，从而引起他人误会，进而对沟通心生畏惧，放弃沟通，以至于处于被孤立的状态。因此，大学生要学会沟通，需要建立良好的沟通心理与信心，具备一定的沟通技巧也是必不可少的。良好的沟通技巧是人际交往中的润滑剂，它能更好、更轻松地建起人与人之间交流的桥梁。所以，在交流时，应首先学会听，了解会沟通的人是如何沟通的；其次，要学会简明地表达自己的意思，让听者更易、更快明白；再者，要学会在正确的时间说正确的话；最后，若时机成熟，可运用批判、幽默等语言艺术，这样更有助于提升交流质量，取得更好的交流效果。

3. 互相理解

社会的复杂性必然导致大学生不同的思想、不同的习惯相互碰撞，必然引起摩擦。所以，大学生要学会谅解，学会宽容，宽容别人就是成就自己。大学生要学会宽容他人的不足，凡事不要斤斤计较；要学会求同存异，保持和谐的气氛；而面对平时不可避免的纠纷与矛盾时，应先找自身的错误，敞开心扉，互相谅解。

4. 互相尊重

互相尊重是融洽相处的基础。要尊重他人，他人才会尊重你。首先，应尊重他人人格，无论他人是否残疾、贫困或有生理缺陷。其次，尊重他人的人生观与价值观，切勿用自己的观念衡量他人。遵守舍规，不侵害舍友的利益。学会换位思考，"己所不欲，勿施于人"。

总之，良好的宿舍人际关系不仅能使大学生获得一种归属感，还有益于提升大学生的人际交往能力、提高大学生的综合素质，从而有利于他们更好地走向社会。

(三) 建设宿舍的意义

1. 提高大学生的学习和生活质量

宿舍是大学生在校期间的居住场所，良好的宿舍环境和设施可以提高大学生的学习和生活质量，使大学生更加舒适和安心地学习。

2. 有助于大学生健康身心的发展

整洁优美的宿舍环境、融洽和谐的宿舍关系能愉悦大学生身心、激发大学生奋发向上的热情。干净整洁的生活环境能陶冶情操，规律健康的生活习惯能塑造结实的体魄、聪明的头脑，和谐的人际关系能使遇到困难的同学得到帮助、生病的同学得到关爱、受到挫折的同学得到鼓励，从而使大学生在奉献和给予的体验中获得喜悦和成长。

3. 有助于我们和谐人际关系的建立

大学生在宿舍生活中人际关系的好坏，不仅影响大学生校园生活适应期的长短，而且密切关系大学生情绪的喜忧、心理的明暗，甚至学业的成败；面对社会深刻变革，面对知识、信息全球化，仅靠闭门独学是远远不够的，共同协作、信息互通，情感上相互鼓励，精神上互相支持，才是成长为身心健康、博学多闻的新时代人才的最佳途径。

4. 增强大学生的凝聚力和归属感

宿舍是大学生在校期间的主要社交场所之一，良好的宿舍环境和氛围可以增强大学生的凝聚力和归属感，促进大学生之间的交流和合作。

5. 促进学校教育教学质量的提升

宿舍的建设和管理直接影响到整个学校教育教学质量的提升。一个安全、卫生、舒适的宿舍可以为大学生提供一个良好的学习环境，有利于大学生的身心健康和学习成绩的提高。

6. 推动校园文化建设

大学生宿舍的建设和管理是校园文化建设的重要组成部分。通过营造良好的宿舍文化和氛围，可以培养大学生的良好品德和行为习惯，推动校园文化的建设和发展。

据调查，大学生在宿舍里的时间每人每天约在10小时以上，宿舍是其交流最为频繁、联系最为密切的重要场所，因此，构建和谐宿舍是构建和谐校园的重要一环。

由此可见，大学生宿舍建设在构建和谐校园中具有十分重要的意义。随着社会的发展，在全面建设和谐校园的实际行动中，大学生应该积极探索和谐宿舍建设的新途径、新措施。

二、共同的家园

（一）校园的概念

校园是指大学、学院或学校中的各种景物及其建筑。凡是学校教学用地或生活用地的范围，均可称作校园。

1. 校园文化的含义

校园文化是一种文化现象。这种文化现象反映着学校的特点、面貌和个性等。校

园文化自然以科学知识的传播、创新为特点，是群体文化中较高层的一部分。

校园文化内容广泛，包括三部分，即学校物质文化、制度文化、精神文化。属于学校物质文化的有：教学楼、实验楼、图书馆、文娱体育活动设施以及优美的环境等；属于学校制度文化的有：校训、校纪、校规、班规、学生守则、入队入团条件、劳动制度、清洁卫生制度、考试规则和休息制度等；属于学校精神文化的有：校风、教风、学风、班风，师生员工的价值观念、精神状态、群体心理、人际关系，以及英雄雕塑、升旗仪式、文娱体育科技活动等。

概言之，校园文化的内涵是：在校园内部长期的教育、学习和生活中，将各种力量统一于共同方向，所形成的一种价值观念、精神支柱、学校传统、行为准则、道德规范和生活观念的总和，其内核是学校师生员工共同的价值观念。高校校园文化通过校风教风学风、多种形式的校园文化活动、人文和自然的校园环境等给大学生潜移默化而深刻的影响。这种文化，它是超越于知识传授、能力培养与方法渗透的一种更高层次的自觉追求，是一种健康的、和谐的、积极的、人文的、向上的和可持续发展的学校氛围。这种文化体现了治学之严谨、人文之关怀、艺术之品位、审美之感动，创新之激情、儒雅之风范、诗性之世界、理想之追求、健康之精神……总之，这种文化具有高尚的价值取向，是学校的灵魂所在。

可以这样认为，校园文化是时代精神在学校的反映，是社会主义学校办学方向和指导思想在长期发展过程中所形成的一种群体意识的体现。

2. 校园文化的特征

现代教育理论认为，学校是汇聚、传递、改制、创新文化的高级文化体，教育与文化的相互作用影响着人的发展，建设有利于大学生身心健康发展的校园文化，是学校教育的一项基础内容。校园文化应具有如下特征：

（1）互动性

校园文化是学校教师与学生共同创造的，是一种以学生为主体、教师为主导、以校园为主要空间、以校园精神为主要特征，师生相互影响的群体文化。

（2）渗透性

校园文化像和煦的春风一样，飘散在校园的各个角落，渗透在教师、学生、员工的观念、言行、举止之中，渗透在他们的教学、科研、读书、做事的态度和情感中。

（3）传承性

校园文化应体现校园精神和风貌，既要反映社会主义的时代精神，又要继承民族的、本地区本学校的优良文化传统，并有所发展和创新，从而使之具有独特、持久的历史效应。校风、教风、学风、学术传统、思维方式的形成，不是一代人，而是几代人或数代人自觉不自觉地缔造的，而且代代相传，相沿成习。任何一种校园文化，一经形成之后，必然传承下去，不因时代、社会制度不同而消失，当然会有所损益，然而其精神实质是永续的、永生的。校园文化还应是能促进社会文化的传承与发展的。

（4）整体性

校园文化是学校所具有的特定的精神环境和文化气氛，它既包括校园建筑设计、校园景观、绿化美化这种物化形态的内容，又包括学校的传统、校风、学风、人际关

系、集体舆论、心理氛围以及学校的各种规章制度和学校成员在共同活动交往中形成的非明文规范的行为准则。校园文化是学校本身形成和发展的物质文化和精神文化的总和。由于学校是教育人、培养人的社区，因而校园文化一般取其精神文化之含义，即学校共同成员在学校发展过程中，逐步形成的包括学校最高目标、价值观、校风、传统习惯、行为规范和规章制度在内的精神总和。

(5) 丰富性

校园文化以形式多样、生动活泼，具有吸引力、向心力，发挥思想教育、知识传授、愉悦身心、艺术审美、陶冶个性、行为训练等多种作用，能够促进学生素质的全面发展。

(二) 怎样参与校园建设

1. 加入学生会组织

大学生可以通过学生会组织参与学校管理，加入学生会组织是大学生参与学校管理最为普遍的一种形式。学生会是联系学校和大学生的桥梁和纽带，它以自我服务、自我管理和自我教育为主要目的，又承担着学校对大学生进行行政管理的某些职能。学生会成立的宗旨就是大学生通过参与学校的管理，维护大学生的利益。

2. 加入学生社团或志愿者组织

大学生可以通过加入学生社团或志愿者组织来参与校园文化活动。学生社团和志愿者组织是大学校园文化活动的主要组织者和推动者，加入这些组织可以让大学生更好地融入校园文化生活。通过社团和组织，大学生可以参与各种文化活动，如文艺比赛、讲座、展览等。同时，大学生通过加入社团和组织可以结交更多志同道合的朋友，拓展社交圈子和人际关系。

3. 发挥兴趣爱好的作用

大学生可以根据自己的兴趣爱好来参与校园文化活动。例如，喜欢音乐的同学可以参加合唱团或乐队，喜欢戏剧的同学可以参加戏剧社，喜欢文学的同学可以参加文学社等。通过参与自己感兴趣的校园文化活动，大学生可以更好地发挥自己的特长和才能，也可以增加自己的知识和经验。

大学生还可以通过组织校园文化活动来展示自己的才能和能力。组织校园文化活动需要大学生具备一定的组织和管理能力，还需要具备创新能力。通过组织校园文化活动，大学生可以锻炼自己的组织和管理能力，提高自己的领导能力和创新能力。同时，组织校园文化活动也可以让大学生更好地融入校园文化生活，为校园文化建设做出自己的贡献。

4. 需要注意的方面

大学生在参与和组织校园文化活动的过程中，需要注意以下几点。首先，要注重安全，遵守校园规定和法律法规。其次，要注重团队合作，积极与他人沟通合作，共同完成任务。再次，要注重创新，不断提升自己的能力和水平。最后，要注重通过实践和经验积累，不断提高自己的能力和素质。

以上这些形式都充分体现了大学生的自我管理、自我服务与自我教育。

(三）建设好校园的意义

1. 有助于推动大学生个体发展

建设美丽校园对大学生个体发展的促进作用也十分明显：首先，能促进大学生个人道德品质的健康发展。大学生通过广泛参与校园文化活动、社团活动等能增强对社会的认同感、责任感、使命感，能明确价值取向和提高思想觉悟，有效地抵制一些不良的行为习惯，促进个人品德的健康发展和完善。其次，有利于达到自我价值与社会需求两者有机结合的目标。最后，有助于提升大学生自身的综合素质。

许多大学生在长期坚持参加校园建设活动的过程中，尽自己的力量为学校为同学们做贡献，自己会感受到一种幸福感和成就感，但也会发现自己在某些知识和能力方面尚存在欠缺，因此会在学习中有意识地严格要求自己，并收获经验和感悟，从而促进自身学习观念和学习态度的升华。

参加校园建设也有助于大学生的动手能力、社会适应能力、社会交往能力、竞争与合作能力、组织管理与协调能力、创造能力得到充分锻炼、展示与发挥等，使得大学生能够自愿、自发、自主地去帮助他人、服务社会，从而提高服务能力与水平。

2. 有助于促进校园和谐

大学生在推动校园人文环境和谐发展方面的作用也是显著的：首先，宿舍文化建设、班级文化建设和学院文化建设能得到加强。其次，大学生通过参加校园建设能促进学校师生建立和谐的关系，促进同学之间和谐关系的发展。"美丽校园"的内涵包括和谐的师生关系，而大学生在校园内有目的、有计划、有组织地开展的相关活动，能有效地促进师生关系、同学关系的和谐。例如，学生社团积极倡导并开展的"尊师重教"和教师节"看望老教师""为老教授送温暖"等活动，有利于推动和谐师生关系的建设；性格不一、家庭背景不同的大学生在进行志愿服务的过程中相互融合交流，每年各协会社团的招新活动与动员大会，鼓励新老成员积极交流、相互学习，共同参与服务活动，在增进协作能力的同时，能有效地促进同学之间的了解。最后，大学生参加校园建设能促进同学之间互帮互助，如通过爱心社的"爱心之路"助学活动、守望支教社的"爱心班级"活动，鼓励同学们对有困难的同学奉献爱心。全体师生在这种和谐的校园氛围中会受到潜移默化的熏陶。和谐的育人环境与良好的校园人文环境相互影响，有力地推动了校园和谐。

拓展阅读

那些有故事的大学建筑
（学习强国）

三、多彩的大学

（一）社团的地位

学生社团是指学生为了实现会员的共同愿望和满足个人兴趣爱好的需求，自愿组成的，按照其章程开展活动的群众性学生组织。

大学生社团是我国校园文化建设的重要载体，是我国高校第二课堂的引领者。每

年各社团以其丰富多样的社团生活吸引广大学生积极参与其中。

(二) 社团活动的特征

1. 思想性

社团是一个小集体，其中会涉及诸多需要社团成员团结协作、相互配合才能完成的工作，这就要求社团成员有大局观念，切忌唯我独尊。社团成员在社团活动中要学会考虑整体利益，改变以自我为中心的观念，树立集体主义观念。同时，社团开展的活动能让大学生学到很多知识，从而提高各方面的思想道德素质。

2. 艺术性

社团活动是学校艺术教育的载体，是学校开展艺术教育的有效形式。对于大学生而言，进入社团，便会慢慢地融入社团所提供的文化氛围当中，并产生对某一领域的兴趣，有了兴趣，艺术发展就成为可能，有了兴趣，艺术素质才可能真正得到提高。正是由于有了各类的学生社团，学校的各种艺术活动才得以顺利开展。

3. 知识性

在众多的社团活动中，社团成员不仅仅局限于对具体的基本知识的学习，更多地会感受到社团举行活动时所涉及的相关技能的实用意义，从而主动去掌握这些知识和技能。例如，书法社团不仅仅限于让大学生学习书法的基本知识，还会让大学生掌握许多书法的基本技法、古文字、书法史等内容，从而使他们的知识面得到很大的拓展。

4. 趣味性

趣味性是大学生学习、活动的主要动力源泉。社团活动的趣味性会极大地激发社团成员的兴趣。他们有了兴趣，再进行持续性的学习、研究，才能发展为爱好，才有可能进行长期的学习和研究。孔子曰："知之者不如好之者，好之者不如乐之者。"学校不仅仅是大学生学习的场所，更是大学生生活的地方，许多兴趣相投的大学生组成对应的社团，一起讨论感兴趣的事情、进行感兴趣的活动，是非常好的放松方式，也能让大学生的校园生活更加轻松、有趣。

(三) 怎样参与社团活动

每一个大学校园里都活跃着很多社团组织。社团是为大学生适应社会实践而服务的，是一个大学生展示自我的舞台，它已成为一种独特的校园文化，丰富着大学生的生活。然而，面对各种各样令人眼花缭乱的社团组织，大学生该如何做出自己的选择呢？

1. 兴趣很重要

社团的种类是多种多样的，但并非所有的都适合自己。大学生选择社团时首先考虑的应该是自己擅长什么和是否感兴趣。有句话说得好："兴趣是最好的老师。"兴趣可以激发一个人的热情，每个人的兴趣、爱好不同，擅长文艺的大学生可以去北洋话剧团、百灵鸟艺术团；喜欢演讲的大学生可以去辩手英联社；爱好运动的大学生可以去青春网球社；喜欢书法的大学生可以去书法社、书画协会……面对如此多的社团，你只要感兴趣，就能找到适合自己的。

2. 对社团进行充分了解

选择社团不可过于草率，加入社团之前要对社团进行充分的了解。要综合多方面

的因素和条件，考虑清楚再做决定，切不可草率。考虑清楚想要加入的社团是否适合自己、从中可以学到什么等。一些大学生匆匆忙忙选了一个社团后，过了一段时间觉得不适合，就很快退出，结果什么也没学到。

3. 不可贪多

参加社团组织固然好，但其前提是不要与正常的学习相冲突，毕竟大学生第一要务仍然是学习。有些大学生忙于参加各种社团活动，难免会顾此失彼，更有甚者严重影响学业，得不偿失，因此大学生选择一两个社团即可。

4. 功利性不可太强

抱着功利性的想法去参加社团是非常不可取的，有的大学生认为参加社团可以在综合测评时加分；有的大学生希望能够在社团混个"一官半职"，以此提高自己的知名度……这些想法无疑会使原本纯洁的社团文化蒙上一层不纯洁的色彩。

大学生社团要引领时代潮流，主动融入校园文化建设，活跃校园课余生活，是大学生锻炼自我的一个很好的平台，可以使大学生得到诸多益处。

（四）参加社团的意义

学生社团是高校校园文化活动的有效载体，是高校第二课堂的重要组成部分。参与学生社团，是大学生丰富校园文化生活、扩展求知领域、培养兴趣爱好、丰富内心世界的重要方式，也是大学生促使自身全面发展的一个重要途径。目前，大学生社团已成为高校校园文化中具有重大影响力的组织，社团在大学生知识结构的完善、技能的成熟、能力的提高以及思想道德水平的提升等方面愈来愈发挥着独特的作用。

1. 社团活动可以使大学生的人生态度更加积极向上

大学生通过参加马列主义小组的学习，不断提高思想觉悟，逐步树立科学的世界观和人生观，逐步树立为人民服务的思想意识，将自己个人的理想和追求与时代的发展和人民的需要结合起来。例如，参加"青年志愿者协会"等公益组织的活动，通过走入社区、乡村、孤儿院、敬老院等地为他人服务，为社会无私奉献。社会实践锻炼，可以使大学生树立起无私奉献的价值观和世界观，树立起艰苦奋斗的精神和为人民服务的思想，从而使大学生的人生态度更加积极向上。

2. 社团活动可以使大学生更有集体意识与责任意识

大学生的社团活动集知识性、趣味性于一体，适合大学生思维活跃、接受信息快、可塑性强的特点，容易被大学生所接受，有利于形成向心力、凝聚力，在社团内形成团结互助、平等友爱的人际关系，潜移默化地使大学生的集体主义观念得以增强。社团的荣辱与每位成员休戚相关，人人希望社团发展壮大，人人都关心社团的各项事务，逐步培育了每个成员的责任意识。

3. 社团活动使大学生的创造潜能得以更大发挥

大学生蕴含着巨大的创新潜能，特别是理工科院校的大学生，他们根据自己所学专业以及自身的兴趣爱好，成立了许多科研类社团组织，将具有发明创造潜质的人聚在一起，共同进行研究创造。社团组织真正成为大学生激发潜质、展示自我的舞台。

4. 社团活动使大学生提高了素质、陶冶了情操

大学校园里，思想理论类、文学艺术类、体育健身类社团的大量涌现，会使更多

参与其中的大学生的理论水平、思想觉悟、文学艺术修养、身体素质等有较大提高。通过参加这样的社团活动，大学生学到了知识、锻炼了才能、掌握了本领，还在不知不觉、潜移默化中提高了素质、修养，陶冶了情操，提高了觉悟。

5. 社团活动提高了大学生适应社会的能力

大学生在课余时间，放下课本，参加社团活动，广泛接触社会，与各种人交往，学到许多在课堂上难以学到的东西，会使自己更了解社会、融入社会，使自己的思想意识接近社会现实。大学生参加社会实践类社团、志愿者类社团，走出校门，走向社会，深入农村，深入企业，关心社会"弱势群体"，会广泛深入地了解社会，提高了适应社会的能力与素质。

6. 社团活动提高了大学生的人际交往能力

大学生在参加社团活动时，在与社团成员共同策划、研究与拼搏中，共同感受着成功的乐趣、失败的痛楚，因此所结下的友谊也最为真挚。社团在举行活动时，大学生有时要与社会各种各样的人打交道，这使他们的交际能力会大为提高。

7. 社团活动使大学生的个性得以发展

个性为心理学的概念，指个人稳定的心理品质，包括个性倾向性和个性心理特征两个方面。个性倾向性包括人的需要、动机、兴趣、信念等，决定着人对现实的态度、趋向和选择；个性心理特征包括人的能力、气质和性格，决定着人的行为方式上的个人特征。每位大学生的需要、动机、兴趣和信念是不同的，所以大学生的个性发展是不同的。因种种条件的限制，大学的课堂教育仅仅解决了大学生的共性培养问题，尚不能做到完全对大学生个性的培养，而社团活动无疑在解决这个问题方面发挥着重要作用。

总之，加入学生社团有着十分重要的意义，有利于提高大学生的综合素质和能力，有利于提高大学生的思想道德水平，有利于加速大学生的社会化进程。

四、打破思维　完善自我

人的一生中最美好的时光是在大学校园中度过的。在这里，同学们怀揣热爱与期待跨越山海相聚在一起，在平凡又耀眼的每一天里，追逐青春的梦想。

人的成长是一次次打破原有的思维框架、建立新的思维框架的过程。大学校园更应该是充满书香、无惧失败、协助共进、越挫越勇，孕育和打磨每一名学子梦想的田园。职业院校大学生参加技能大赛、互联网＋创新创业大赛、挑战杯创新创业大赛、大学生艺术展演、职业生涯规划大赛、各种主题的演讲比赛以及各种社团活动等，不断增长见识、提高能力，从而越来越着迷于挑战自我，享受与团队共同成长的快乐。

习近平总书记叮嘱大学生：人生一年之春、一日之晨就是我们的大学时代。（《习近平与大学生朋友们》2020年11月）用脚步丈量祖国大地，用眼睛发现中国精神，用耳朵倾听人民呼声，用内心感应时代脉搏。（2022年4月，习近平在中国人民大学考察时的讲话）既多读有字之书，也多读无字之书（2016年4月，习近平在知识分子、劳动模范、青年代表座谈会上的讲话）。广大青年人人都是一块玉，要时常用真善美来雕琢自己。（2017年5月，习近平在中国政法大学考察时的讲话）。用青春铺路，让理想

延伸。(2016年2月,习近平在南昌大学考察时的讲话)

不同时代的大学生都是推动社会进步的主力军。在我们身边,就有那么多的同龄人值得我们学习。

故事1:

韩汪慧:做向日葵一样的女孩

这个女孩叫韩汪慧,毕业于内蒙古师范大学教育科学学院应用心理学专业,硕士学位。现在是内蒙古锡林郭勒盟安神医院的一名心理治疗师。

她1990年出生在内蒙古锡林浩特市,4岁被确诊为脑瘫,父母倾尽所有带着她四处求医,但并没有改变她下肢基本瘫痪、右手不灵活以及口齿不清晰的现实。到了上学的年龄,所有的学校都拒绝了她。9岁,终于有一所学校破格让她入校跟班试读。上学的机会来之不易,韩汪慧尽管身体不便,但她按时上课,对学校的活动都会按时参加。从小学到初中,再到高中,韩汪慧的成绩一直名列前茅。2009年,她参加高考并收到了内蒙古民族大学的录取通知书。大一时,父亲的去世对她的打击很大,但她知道想改变现状的唯一方法就是完成学业,用知识改变命运。在同学、老师的陪伴和鼓励之下,渐渐地,她从阴霾中走了出来,重新投入到学习生活之中。

图5-1 韩汪慧

韩汪慧选择了心理学专业,她梦想着将来给其他和自己一样的残疾人提供心理咨询和帮助。为了这个梦想,韩汪慧通过课堂学习不断丰富专业知识,利用课余时间向专业心理咨询师学习,还学习了"舌操"来矫正自己不清楚的发音。除了学习,韩汪慧也会参加各类活动,从院级的海报设计大赛到全国的感恩征文比赛,都有她的身影,并且每一次都会取得很好的成绩。以韩汪慧为主讲人的"单翼天使报告会""我身边的励志女孩"等多场报告会让韩汪慧的事迹让人们广为传颂。

几年的大学生活中,韩汪慧两年综合测评第一,两年综合测评第二,连续三年获得国家励志奖学金,并最终获得国家奖学金;先后取得了全国计算机三级证书、国家心理咨询师二级证书,通过英语六级考试,并取得教师资格证;从"全国大学生自强之星"的提名奖到获得正式的"全国大学生自强之星"的荣誉称号,从学校的优秀女孩到"全区优秀共青团员",从全校"励志成才"先进个人到中宣部评选的"全国大学生年度人物"入围奖,每一个称号和荣誉都见证着韩汪慧大学期间的努力。

为了能够更好地实现自己的梦想,韩汪慧选择了考研。2014年6月,她收到了内蒙古师范大学心理学硕士的录取通知书。一步一步拾级而上的她,仰望梦想,更脚踏实地。如今,她已经梦想成真。

第五章 劳动·梦想

故事2：

田素坤：从一名高职生到北京大学口腔医学院的博士生导师

他叫田素坤，山东滕州人，2008年入学滨州职业学院，就读于机电一体化技术专业。在学习过程中，他逐渐发现自己对科研更感兴趣，想要继续深造成为一名科研工作者。

图 5-2 田素坤

有梦想，就大胆去追。无论寒冬酷暑，田素坤总是第一个来到教室学习和最后一个离开教室的人。功夫不负有心人。2011年，田素坤以优异成绩考入枣庄学院机电工程学院开始了本科阶段的学习。在这里，田素坤要用两年时间学完四年的课程，他曾经迷茫过，也失落过，但想到自己的科研梦想，他咬着牙，逼着自己继续往前一步、再一步。2013年，田素坤考上了南华大学机械工程学院的硕士研究生。读硕士期间，他以第一作者在国内核心期刊发表论文5篇，获得了湖南省第七届研究生创新论坛优秀论文一等奖，并于2016年成功申请了南京航空航天大学机电学院的博士研究生。读博期间，田素坤日夜埋头于实验、代码和论文，离自己的科研梦想越来越近。"一开始我的论文写得很稚嫩，后来慢慢得到专家认可，再到指导师弟们进行科研工作，我切实感受到了自己在科研上的进步。"2020年，田素坤顺利获得博士学位，并开始读博士后。2023年5月，田素坤进入北京大学口腔医学院，被聘为副研究员、博士研究生导师。

"只有进行了激情奋斗的青春，只有进行了顽强拼搏的青春，只有为人民作出了奉献的青春，才会留下充实、温暖、持久、无悔的青春回忆。"习近平总书记赠予青年的人生箴言，已成为新时代的奋斗者以实际行动践行的青春誓言，激励着广大青年自觉担负起社会主义建设者和接班人的使命，在建成社会主义现代化强国、实现中华民族伟大复兴的征途上奋勇前行。

第二节　专业劳动

一、专业课程学习

（一）什么是专业课程学习

专业课程的学习是大学课程学习中最为重要的部分之一。专业课是指高等学校根据培养目标所开设的专业知识和专门技能的课程。专业课的任务，是使大学生掌握必要的专业基本理论、专业知识和专业技能，了解本专业的前沿科学技术和发展趋势，培养分析解决本专业范围内一般实际问题的能力。可见专业课程的学习效果关系到个人专业素养的高低。

国家要发展，社会要进步，民族要提高，这是任何民族、任何社会制度都必须正视、重视和需要解决的问题。而无论国家、社会还是民族其重要组成因子无疑是人——劳动者！由此，以人为本，提高劳动者的整体素质理应成为一个国家的基本国策。发展职业教育，提高劳动者素质，加快培养技能型、实用性人才，有利于切实提高劳动者的就业能力，促进就业率提升，对推动我国新型工业化发展起着重要作用。

中国社会发展到今天，要实现国家新型工业化，大力增强国力，提高全民族的自主创新能力，都必须通过劳动者的努力和社会活动才能得以实现，而劳动者整体素质的提升至关重要。21世纪各国的竞争，是经济实力和科技水平的竞争，在其背后，是劳动者素质和人才的竞争。中国要应对经济全球化的挑战，并在这场激烈的竞争中立于不败之地，就必须从现在开始，从尽快提高劳动者素质和培养各类人才做起。大学生应该努力完成自己的主线任务——专业课程学习。

（二）为什么进行专业课程学习

首先，专业课程学习具有一定的创造性，大学生进行专业课程学习后不仅能举一反三，还能提出自己的独到见解，活化所学知识。同时，大学生进行专业课程学习能够提升学习的自主性。专业课程学习无论从学习内容、学习时间及学习方式都更加强调个体在学习活动中承担的角色，主要强调学习的自觉性与能动性。大学生的学习是在确定了基本的专业方向后进行的，因此其学习的职业定向性较为明确，即为将来走上工作岗位、适应社会需要。

其次，专业课程学习的学习成果具有研究性与创造性。大学生是思维活跃的群体，大学课堂不仅进行知识的传授，还注重思维的启发。经过大学系统性的学习，大学生的研究性学习技巧和创造性思维能力往往会得到提升。

（三）怎样进行专业课程学习

1. 树立谋业意识，认真学习理论知识

树立谋业意识，就是为提前就业、择业做准备。其实谋业意识就是大学生在大学

时树立的一种为职业做准备的意识，大学生应抓住职业的谋划点，抓住社会对本专业的需求点。

大学生学习单凭勤奋和刻苦精神是远远不够的，还要有学习的规划和计划，这样不但有利于提升专业知识水平，而且迎合了社会对具有规划能力的人才的需要。认真学习理论知识，一方面可以开阔大学生的眼界，提升大学生的学历水平；另一方面可以培养大学生积极探索、不懈努力的意志品质。

另外，珍惜时间，这是学好专业的关键之所在，是在激烈的社会竞争中干出大事的根本之所在。正如华罗庚所说："时间是由分秒积成的，善于利用零星时间的人，才会做出更大的成绩来。"英国数学家科尔1903年因攻克一道无人攻破的数学难题而轰动世界，而他是用了近三年的全部星期天来完成的。

2. 选择正确的学习方法

专业课程包括综合性课程，真正理解其中的理念观点需要多种知识与生活经验作铺垫。它能帮助大学生获取相关知识和经验，最终深入社会各领域开展实践活动。而选择正确的学习方法尤为重要。

（1）认真听讲。重点记录教师讲解的关键内容和示例。

（2）主动参与。积极参与课堂讨论和互动，通过讨论和互动，加深对知识的理解和应用。

（3）制订学习计划。制订详细的学习计划，合理安排学习时间。

（4）利用各种渠道学习。多渠道获取知识，不要仅依赖课本，要阅读相关的学术书籍、论文和资料，利用图书馆、学术数据库和在线资源进行深入研究。

（5）采用多种学习方法。采用多种学习方法，以适应不同学科的学习。可以尝试复述、总结、做练习题、小组讨论、实践操作等不同的学习方法，加深对知识的理解和记忆。

（6）制作复习资料等。

3. 认真完成实践性作业

培养社会实践能力，掌握专业学习与社会互动的能力非常必要。大学教育从某种意义上讲，正是培养有知识、有能力的高科技专业人才的重要环节。这就需要大学生在校期间，必须在全面掌握专业知识和其他有关知识的基础上，加强专业技能的培养，在学习书本知识的过程中重视在社会实践环节中的锻炼和学习；要认真学好专业知识，积极参加社会调查和生产实践活动，努力运用现代化科学知识和科技手段研究并解决社会发展和社会实践中的各种实际问题。

实践是检验认识正确与否的唯一标准，因此，将专业知识运用于社会实践，通过社会实践的反馈信息来验证专业知识的应用方法正确与否，从而形成了两者的良性互动。

（四）专业课程学习的收获

通过专业课程学习，大学生可以学到一技之长，为就业做好准备。职业院校毕业的大学生越来越优秀，越来越抢手了——这是不少企业的真实感受。

案例

求学路上的追梦人——山东轻工职业学院黄强

时光不负奋斗者，岁月眷顾追梦人。从专科到博士，他在求学路上孜孜不倦、奋勇前进，书写了一幕幕不平凡的追梦篇章，他就是山东轻工职业学院应用化工技术专业优秀毕业生黄强。在课余时间，黄强积极协助教师开展科研实验，先后参与完成教师主持的山东省高等学校科技计划项目、淄博市科技发展计划项目各一项，在多方面锻炼自己专业能力的同时，为以后进一步深造奠定了扎实的基础。通过专升本考试，黄强同学被中国石油大学胜利学院化学工程与工艺本科专业录取。宝剑锋从磨砺出，梅花香自苦寒来。后来，黄强由一名高职大学生一步步成长为一名985重点学校的优秀在读博士，其背后付出了很多努力和汗水。黄强一直在化学化工这条漫长道路上努力奔跑、奋起追梦，不曾犹豫、不曾畏惧。他志在千里追梦理想，拼搏创新投身科研。中国梦的实现就在于一代又一代像黄强同学一样的追梦人，自强不息，勇于追梦。他表示，将始终不忘自己肩上所承载着的责任与担当，继续在追梦的道路上奋勇前行。

拓展阅读

志存高远的奋斗者
——广西玉林技师学院 黎玉燕

二、专业实训

（一）为什么开展专业实训

1. 什么是专业实训

专业实训，顾名思义，是一种以提高专业实践能力为核心的培训方式。它通过模拟真实的工作环境，让大学生在学习过程中结合理论知识和实际操作，从而提高专业素养和技能水平。

专业实训的主旨是培养大学生实际操作的能力，让他们在面对真实的工作场景时能够迅速适应，并有效地解决问题。通过实训，大学生可以了解到工作中可能遇到的各种情况和挑战，并学习如何运用所学知识解决实际问题。

实训是大学实践教学的一部分，是帮助大学生尽快适应工作的桥梁。在具体的实训过程中，大学生能更好地认识自己的职业能力和职业优势，感受社会职业需求。

2. 为什么进行专业实训

我国的就业形势日益严峻，据了解，大多数大学毕业生在就业创业前，缺乏见习实习和就业创业培训的机会，由校园跨入社会时的心理准备严重不足。许多大学生面对就业、创业的问题，缺乏良好的择业心态、准确的自我定位以及对社会、市场和企业需求的基本认知，从而影响到就业创业的成功和人生的发展。

因此，学校应大力开展大学生专业实训，帮助大学生尽快完成从校园到社会、从课堂到企业的心理调整和角色转变，使其尽快融入新的工作环境中，发挥自己的专长，

实现自己的价值，为国家和社会多做贡献。

实训有利于大学生发展。大学生长期在学校接受书本知识的学习，而对社会和职业发展知之甚少，而实训教学实践能为他们提供接触社会的机会。在实训中，大学生不仅开了眼界，重新审视和观察世界，还积累了职业经验，这对他们提高职业实践能力具有重要作用，对他们以后的职业生涯也十分有利。另外，通过实训，大学生还能尽快适应社会和职业岗位，为以后的工作积累宝贵经验。

（二）怎样开展专业实训

1. 树立正确的专业实训观念，积极参与实践

在传统的教育中，专业实训观念并没有受到足够重视。部分大学生对实训抱有应付心理，导致专业实训效果不佳。学校教师应帮助大学生树立正确的专业实训观念，使其积极参与实践。

案例一

强海波，芜湖职业技术学院经济管理系2008级电子商务班学生，对电子商务专业课程的学习为强海波的创业梦想打开了一扇大门，而学院为大学生开办的"《赢在中国》冯志刚创业培训系列讲座"，让强海波感受到一种创业的激情，冯志刚身上所具有的坚持不懈、学无止境、吃苦耐劳、执着肯干的精神感染着强海波。根据教师在专业课上的要求，结合专业所学及在实训中学到的技能，强海波在淘宝网上注册创建店铺，专营女鞋，经过不断摸索经营，边学习边实践，半年后店铺的信用级别达到一钻。获得初步成功的他，又在教师的指导下开始带领班级其他同学一起创业。强海波一边学习一边创业，在创业的同时，积极参加院系各项活动并获得多项个人荣誉，如：院"职业技术能手"、院"社会实践之星"、系学生会"优秀干事"称号，"我心中的雷锋"主题网页设计大赛一等奖、Photoshop公益海报设计大赛三等奖等。

2. 积极在实训基地中实践并做实训总结

规范化的实训基地无疑对大学生的职业技能提升具有突出意义。实践是大学生的第二课堂，是知识常新和发展的源泉，是检验真理的试金石，也是大学生锻炼成长的有效途径。一个人的知识和能力只有在实践中才能发挥作用，得到丰富、完善和发展。大学生要成长，就要勤于实践，在实践中学习，不断总结、逐步完善，才能有所创新；在实践中提高自己的综合素质和能力，为自己事业的成功打下良好的基础。同时，大学生也应该意识到实训反思总结的重要性，适时总结、实时总结，真正在专业实训过程中举一反三，扎实掌握新技能。

案例二

某校是中国实训教育的支持者、践行者，为中国职业教育做出了自己应有的贡献。该校对大学生有以下要求：

实训在大学生实践教育中发挥着积极的作用，逐渐成为实践教学中不可忽视的重要环节。大学生要多观察，在工作中看看前辈们都是怎么做的，多观察，总结适合自

己的方法和经验；多实践，在学校学习的理论知识较多，在实践中努力将其转化为经验，才能知道自己不足的地方，并进行针对性的学习和提升；专业知识都是在不断更新中，所以要不断学习；多请教，勤总结，不懂就问，不会就请教前辈，请教比自己能力强的经验丰富的人。

（三）怎样做好专业实训

为了达到更好的实训效果，大学生需要积极地遵守相关实训规章制度，"没有规矩，不成方圆"，成功的专业实训需要大学生齐心协力一起完成。

案例三

某校遵循以职业才能为本位、素质进步为根本的原则，注重大学生职业意识、职业道德、职业品质的养成，强化根本技能、综合技能的培养，实行"三个坚持"：

1. 坚持"三礼"制度。

"三礼"即：早礼、午礼、晚礼。早礼：上午上实训课前，师生互相敬礼问好；做播送操和俯卧撑；指导老师检查学生的个人卫生、着装、风纪和身体情况；集体朗读安全卡片；指导老师布置实训任务。午礼和晚礼，分别在下午课前、课后列队，由老师布置专业实训任务或进行实训总结。

2. 坚持"55"制度。

"55"制度即：整齐、整顿、清洁、清扫、素养。实训工件及工具、量具必须摆放整齐，做到定置管理，专业实训的环境整洁干净。

3. 坚持安全教育。

专业实训场建立一系列实训教学管理制度，对学生进行安全预知教育。每一个参加实训的学生都必须佩戴安全防护用品，穿作业服，遵守安全操作规程。做到教学必须安全，安全保证教学。实训指导老师做示范，学生由模拟到独立操作。严格遵守相关要求，严格工序要求，严格操作规程，严格检测，做到操作标准、工作标准。动手动脑，心智手技结合。每个工程最后做出一个合格的产品或完成一项工作任务。

由此可见，完善而有人性化的规章制度可以保障专业实训的顺利进行，也是大学生在实训过程中必须遵守的。

三、专业实习

（一）为什么开展专业实习

1. 什么是专业实习

专业实习，亦称"业务实习"，为大学生到现场实习的统称，一般安排在大学生已掌握较多的专业知识后。专业实习是在校期间，大学生到相关的专业单位进行实践学习的一种教学模式。实习的目的是验证大学生所学的专业知识和应用能力，了解目标工作内容，学习工作及企业标准，找到自身职业的差距。专业实习可以分为大学里的精工实习和公司里安排员工实习等形式。

实习是大学生毕业必须经历的过程，也是大学生能力的一个证明。大学生可以充分发挥在学校里学到的专业技能，加深对职业的了解，确认喜欢或擅长的行业。大学生在实习中可以发现自身的一些不足从而不断提升自己的综合素质和积累工作经验。

2. 为什么进行专业实习

专业实习为大学生提供了一个从大学生到员工、从学习到工作、从学校走进职场的机会，让大学生真实地接触职场。有了实习的经验，大学生在以后就业的道路上就会少走很多弯路。

专业实习可以增加大学生找工作的竞争优势。毕业实习是理论与实践相结合的重要方式，是提高大学生政治思想水平、业务素质和动手能力的重要环节，对培养坚持四项基本原则，有理想、有道德、有文化、有纪律的德才兼备的技能型、应用型人才有着十分重要的意义。

大学生通过实习走向社会，接触实务，了解国情、民情，树立群众观念、劳动观念和参与经济建设的自觉性、事业心、责任感；加深理解并巩固所学专业知识，进一步提高认识问题、分析问题、解决问题的能力，为今后走向社会、服务社会做好思想准备和业务准备。

（二）怎样开展专业实习

1. 认真对待不同类型的实习

实习包括认识实习、岗位实习等多种形式。认识实习指大学生由职业学校组织到实习单位参观、观摩和体验，形成对实习单位和相关岗位的初步认识的活动。认识实习按照一般校外活动有关规定进行管理，由职业学校安排，大学生不得自行选择。岗位实习指具备一定实践岗位工作能力的大学生，在专业人员指导下，辅助或相对独立地参与实际工作的活动。

案例一

四川省雅安职业技术学院采用"信息化、片区式、双师制"的实习管理模式。雅安职院每年有近5800余名学生参与实习，分布于省内外近300家企事业实习基地，存在学生安全监管难、师生互动难、实习过程性评价难、学生实习变动难等问题。随着信息技术的广泛应用，加快实习管理信息化、动态化是解决"放羊式实习"的重要方法。雅安职院现有50个高职专业，分布于7个二级学院，涵盖9个专业大类，其中医药卫生类专业占近50％。医药卫生大类专业实训岗位相对集中，智能制造与信息技术类、师范教育类、经济与管理类实习岗位分散独立。在学校的统一组织管理下，该校实习生已具有较好的上岗前实训的基础，能够较为独立完善地完成实训任务。

大学生要本着对自己负责的态度，认真参与实习，在实习过程中积累经验，与所学的理论知识结合，并获得新的体验，这样能为将来就业做好准备。

2. 在实习中应守法依规，认真对待

在实习过程中，大学生在保障自身合法权益的同时，也要严格遵守学校和实习企业的规章制度，服从管理，积极锻炼自己，树立职业精神、团队精神、职业道德等一

系列实习必备的关键品格，进一步理解职业及职业教育的含义，理解社会、政府赋予每个人的责任感、使命感，增强个人的职业情怀，在感受个人工作价值与贡献的同时，形成敬业、乐业、爱业的精神，并且在职业教育实习的过程中，通过与他人相处交往，培养自身的合作意识和团队精神，培养与人共处的良好品德。大学生要促进自身职业技能提升，为职业道路的良好发展奠定基础。

总之，实习对于职业教育来说作用很大，困难也很多，只有教师、大学生、学校各方面共同努力，才能圆满地完成。

（三）专业实习的作用

在我国，包括职业学校在内的各高校是中国实习教育的支持者、践行者，一直坚持实习教育方向，坚持不懈地探索中国职业教育的新理念、新思路，开拓进取、团结奋斗。

案例二

长沙高新技术工程学校实行全员定岗轮岗，创新实习方式，大学生根据实习岗位定人、定组、定岗、定位；实习一段时间后，再进行周期轮岗，每个大学生必须参加2~3个核心岗位实习。定岗能让大学生更快地融入企业的实际岗位，能让大学生专一、专心、专注地认识岗位、操作岗位；轮岗则能让大学生熟悉其他岗位，全方位培养大学生专业技能和综合素养，创新顶岗实习人才培养新模式。

如电子与信息技术专业大学生在威胜集团进行实习，大学生实习岗位有生产一线产品装配、焊接测试、检测维修、产品包装、物流搬运、生产线管理等。大学生熟岗实习和练岗实习都要进行轮岗。通过轮岗，他们能清楚地了解一个好的电子产品问世，要经过从制订生产计划、物品采购、元器件和印制电路板检测、按电路原理图插件、焊接、调试、检测、维修、包装到物流等51道工序才能完成。

走好专业实习道路任重道远，作为大学生，在积累了一定的实习工作技能、遵守并践行学校的实习规章制度条件下，也要充分发挥自身的主体性与积极性，更好地投入到有意义、有实效的实习当中。

四、匠心筑梦　成就自我

时代召唤工匠，拼搏成就梦想。工匠精神是时代精神的生动体现，折射着各行各业劳动者的精神风貌，干一行、爱一行、择一事、终一生，我们每个人都可以是工匠精神的诠释者和践行者。我国自古就推崇工匠精神，我们耳熟能详的庖丁解牛、游刃有余的故事，就是对匠心匠魂的形象表达。新时代，高铁动车、航天飞船、大国重器等成就背后，都离不开工匠精神的支撑，离不开我们对工匠精神的继承与弘扬。作为新时代的大学生，现在最重要的是要学习好专业知识，为将来的工作奠定基础，因为工作不仅是谋生之道，而且是我们实现人生价值的舞台。我们应该坚持做新时代的劳动者，有梦想、学匠人、育匠心，用行动践行理想，成就更好的自我。

案例一

美丽调剂师——谢嘉燕

被称为"美丽调剂师"的谢嘉燕,有一双神奇的手!她能仅凭手感准确"称"出 5 克原料,"摸"出加温溶液是否达到 30 ℃,"量"出需要加 3 滴试剂达到配方标准……重量、温度皆信手拈来,准确无误。

出生于广东的谢嘉燕毕业于广东轻工职业技术学院,她学习的专业是精细化工,像肥皂、香皂、洗涤剂、牙膏、化妆品、涂料都属于精细化工产品。2019 年,谢嘉燕在全国职业院校技能大赛高职组化工生产技术比赛中荣获团体一等奖,并获得化工产品生产通用工艺人员资格证书。

图 5-3 谢嘉燕获奖证书

谢嘉燕如今是一家化妆品公司的配方工程师。在工作中,她始终坚持精益求精,因为精细化工产品就像它的名字一样需要精和细,每一道工序,包括对配方里的每一种原料的添加量,加工的温度、火候,都要细致地掌握,没有什么诀窍,需要一步步去积累、去操作,在每一次的操作中需要用心去感受、去思考,千锤百炼才能熟能生巧。正是因为这样的匠人精神,她的事迹被新华社制作的系列节目《匠心青年说》收录,她由此成为广大青年学习的榜样。谢嘉燕常常对人说:"学历不可以决定一个人的所有,但是技能可以改变人生、改变生活。职业院校毕业的大学生,也可以看到更高、更远、更广阔的世界,也会有多元的发展路径和出彩的人生!"

案例二

技能大师报国志 铁甲雄风绕指柔——赵晶

作为兵器工匠,她精益求精,精细雕琢着每一辆装甲车辆的核心零部件,传承"把一切献给党"的人民兵工精神,勤奋敬业,平凡中见不凡,在男性主导的机械加工行业,她以执着和专注,把铁甲雄风化作了绕指柔。她就是内蒙古第一机械集团第四分公司数控车工赵晶。

图 5-4 赵晶

2003 年，20 岁的赵晶从包头职业技术学院毕业后进入内蒙古第一机械集团从事车工工作。刚进厂的赵晶就给自己定下目标：做一名优秀的技术工人。为了不断提高自己的技术素养，赵晶利用工作之余先后自学了数控辅助加工软件等十几门专业课程，成为公司第一个较全面掌握数控车床操作、编程的技术工人。通过几年的刻苦钻研，赵晶编制了 5000 多个数控程序，能熟练掌握三四种操作系统，全班近一半的数控设备她都会操作。26 岁时，赵晶成为分公司里唯一的女性数控车工高级技师。2013 年，赵晶数控大师工作室成立；2017 年，大师工作室升格为国家级。大师工作室成立以来，赵晶带领团队在一系列主战装备型号项目工程研制中，攻克多个精密加工技术难点，完成技术革新、合理化建议百余项，完成技术攻关 70 余项，获得国家专利 4 项，创造经济效益 2000 多万元。2019 年 10 月 1 日，庆祝中华人民共和国成立 70 周年大会在天安门广场举行，作为党的十九大代表，赵晶受邀登上观礼台，现场见证祖国的繁荣和强大。2022 年，赵晶当选为内蒙古自治区党的二十大代表。

在众多成绩和荣誉面前，赵晶不骄不躁、慎终如始。"我只是一名平凡的一线技能工人，没有组织的教育和培养，没有时代给予我的干事创业的平台，就没有今天的赵晶。"赵晶和她的团队决心继续发挥技术优势，用精益求精的工匠精神，用智慧和汗水为国防事业的发展和国家的繁荣昌盛做出新的更大的贡献！

匠心筑梦，只要每一位劳动者都努力践行工匠精神，干一行、爱一行、专一行、爱岗敬业、精益求精，重细节求品质，敢创新求卓越，我们一定能以优秀的业绩奉献新时代，以出色的答卷回应时代主题。尽管我们不必人人成为大国工匠，但是人人都可以成为工匠精神的践行者。建筑工程师的工匠精神体现在施工方案的一次又一次修改完善中，技术工人的工匠精神体现在对产品质量的精益求精、反复打磨与雕琢之中，快递行业的工匠精神体现在保证每次快递准确及时送达收件人手中。习近平主席说：

"要在全社会弘扬精益求精的工匠精神,激励广大青年走技能成才、技能报国之路。"(2019年,习近平在第45届世界技能大赛中我国技能选手取得佳绩时作出的重要指示)工匠精神不仅仅是工匠独有的精神,更是全民族的精神。总之,不论从事什么工作,只要我们有梦想,在自己的本职岗位上一丝不苟,把工作做到最好,就一定能够成就精彩的人生。

第三节　公益劳动

一、社会调研

(一)为什么调研

社会调查研究是人们有计划、有目的地运用一定的手段和方法,对有关社会事实进行资料收集整理和分析研究,进而做出描述、解释和提出对策的社会实践活动和认识活动。

在注重素质教育的今天,社会调研活动被视为高校培养德、智、体、美、劳全面发展的新世纪人才的重要途径。社会调研活动是学校教育向课堂外的一种延伸,也是推进素质教育进程的重要手段。调研有助于当代大学生接触社会、了解社会;同时,调研也是大学生学习知识、锻炼才干的有效途径,更是大学生服务社区、回报社会的一种良好形式。

因此,对大学生参加社会调研活动的原因和意义进行阐述,有助于宣扬积极参加社会调研的意义,了解大学生参加社会调研活动的现状,为大学生能力培养以及就业准备,并且为学校及社会开展相关工作提供一定的依据。

1. 理论与实践相结合的重要渠道

通过参加社会实践活动,大学生能把学到的理论知识转化为认识和解决实际问题的能力,实现理论和实践的转化,帮助我们树立正确的世界观、人生观和价值观。

2. 有利于大学生正确认识自己

通过广泛的社会实践活动,大学生能看到自己和社会需要之间的差距,比较客观地去重新认识、评价自我,从而完善自己。

3. 提高大学生的综合素质,锻炼大学生的实践能力

通过社会实践,大学生能更多地接触社会,了解社会现状,在实践中锻炼、学习新的知识,以及在实践的过程中发现自己的不足,从而发展和提高自己。

4. 有益于大学生将来顺利就业

通过参加丰富多彩的社会实践活动,大学生锻炼了能力,培养了吃苦耐劳的精神,增强了社会责任感,这对将来顺利择业、成功就业十分重要。

5. 有利于发展大学生的组织和合作能力

由于社会实践一般是在一个比较开放的环境中,大多数情况下,大学生要自行组织活动,要独立面对和解决各种问题,这样更能锻炼组织和合作能力。

（二）怎样开展调研

第一，调研目的必须通俗易懂、简单明了、切合实际。为统一思想，所有参与调研的人都要有时间对调研的目的、计划、方案进行深入的了解，并广泛讨论。

第二，涉及面广、单位众多的调研必须做试点。不做试点，就不容易发现调研准备的不足，就容易在大范围调研开始后犯各种各样的低级错误，面临这样那样的问题。试点的作用，就是尽可能把调研中可能出现的问题穷尽，完善调研方案、计划，以减少调研的总成本，为大范围调研提供可复制、可推广的经验。

第三，不能依赖于他人给自己提供的资料。俗话说，想要知道梨的滋味就要亲口尝一尝。作为调研人员，大学生必须亲自摸底，多和被调研单位和群众打交道，听取他们的意见和建议，这样掌握的素材才会真实、具体。

第四，调研负责人要合理组织调研进度交流会，对于分组调研，组织调研进度交流会就更为重要。调研方案落实到行动，总会出现这样那样的问题，这些问题解决得越及时，对调研便越有帮助。在分组调研中，总会出现这个组做得好一点儿、那个组做得差一点儿的情况，只有在会上充分交流，才能取长补短，提高调研的整体质量。

第五，调研完毕之后，一定要做总结，回顾调研的得失成败，以便下次调研的时候可以做得更好。不能认为调研完了，事情就算结束了，经验教训就不需要总结了。一次调研也是一次成长锻炼的机会，每个人的下一次调研，都应该比上一次调研有所进步，而绝不能在原地踏步。

（三）调研的收获

没有调查，就没有发言权，更没有决策权，可见调研在工作中的重要性。调研时要深入了解真实情况、总结经验、研究问题、解决困难、指导工作。如今，只有用好调查研究这个方法，才能有效应对各种风险挑战、解决各种问题。

案例

吉林省某大学的李同学参加了动物保护 2 队关于公民保护动物意识的调查活动。该同学主要调查市民对野生动物和珍稀动物的认知，对弱小动物的态度。根据要求，李同学去了宠物店和附近社区做问卷调查。

李同学发现，很多市民无论年龄长幼、教育水平高低，都对动物有兴趣。绝大部分人希望能够有宠物做伴。33％的人养过动物，47％的人正在养动物，即使是没养过动物的人中，也有 16％的人考虑饲养，只有 4％的人从未考虑。市民大多对动物有兴趣。68％的人认为流浪猫狗可爱又可怜，23％的人则怕它们伤害自己，9％的人对它们没什么感觉。对虐待动物的行为，81％的人表示强烈指责，其余的觉得不应该，但也能理解。对吃猫狗的行为，50 人中有 32 人表示强烈指责，16 人觉得不应该，但可以理解，2 人认为很正常。调查结果显示了市民对保护动物有着理性的态度。市民还积极反映意见，在加强动物保护及相关知识的普及宣传方面，都要求有关部门加大宣传力度，提高市民保护动物的意识，同时从自身做起，养成保护动物的习惯，特别强调要从青少年抓起。

从这一社会调研中，李同学明白了动物是人类的朋友，在建构和谐社会的今天，

我们更要懂得爱护我们的朋友。不管是多么小的动物也有珍贵的生命。在人类进化繁衍过程中，包括动物在内的各种生命陪伴着我们一路走来。生命是平等的，这不仅仅适用于人类之间，还有人类和动物之间。我们要尊重和保护动物，让这个地球生生不息、生机盎然。

二、志愿服务

（一）为什么参与志愿服务

志愿服务一般是指志愿者组织和服务社会生产生活和促进社会发展进步的行为。志愿者通过参与志愿服务，促进了社会的进步，也使自身得到提升。

志愿服务可以传播爱心、传递文明，志愿者在进行社会服务的同时，也将爱心和文明传递到社会中，最终就会将很多人的"爱"汇聚成强大的能量，布满整个社会，从而有助于建立和谐社会。志愿服务工作在一定程度上加强了人与人之间的交往，降低了彼此间的疏离感，更有利于促进社会的和谐。

（二）怎样参与志愿服务

开展志愿服务，应当遵循自愿、快乐、平等、能动、核心、分享的原则。

1. 自愿原则

志愿服务应尊重人民群众的主体选择，顺应社会公众特别是青年的思维方式、生活方式和行为方式的变化，采取社会化动员为主、组织化动员为辅的方式，创新人民群众有序参与社会服务的活动载体，为公众搭建参与社会建设、实现自身价值的开放式实践平台。这是志愿服务的基石。

2. 快乐原则

要让志愿者在参与志愿服务过程中感受到快乐、体会到成长，就要将有意义的事做得有意思，将有意思的事做得有意义。这样才能更好地吸引广大青年来做志愿者。

3. 平等原则

在志愿者团队里，只有分工不同，没有级别不同。

4. 能动原则

要充分尊重志愿者的主体地位，把志愿者的内心认同作为组织开展志愿服务活动的根本出发点。因此，一是在志愿服务项目活动和设计中，要充分听取志愿者的意见和建议。二是在项目活动开展中，通过明确每个志愿者的岗位和职责等方式，增强志愿者的责任感、归属感，把志愿者的精神、热情、专长、服务时间和社会需求有机结合起来，让志愿者队伍形成有机的整体。

5. 核心原则

在每支志愿服务队伍中培养一名或多名骨干志愿者，作为团队的核心力量，负责团队的组织、管理，以及项目的设计、实施，将志愿者的松散性、随意性与项目实施的长效性有机结合。在条件允许的情况下，可以采取"社工＋志愿者"的方式。

6. 分享原则

在调查中发现，志愿者很看重自己参加志愿服务后能有分享和评价。这与志愿者

参与志愿服务的动机是密不可分的，包括拓展人际关系、增加技能、体现自身价值等。志愿服务的领导者在积极开展志愿服务的同时应注重分享，每次开展志愿服务活动后应及时组织志愿者进行经验交流，互相谈感受、说体会。在分享的过程中，志愿者的成长、进步会获得认可，不足之处也会得到及时的反馈，这样有助于志愿者个人和志愿者队伍的志愿服务能力及志愿服务水平的提升和改善。

（三）志愿服务的收获

通过参加志愿服务，大学生会有很多收获。

1. 丰富生活体验

大学生可以利用闲暇时间，参与一些志愿服务活动，在参与志愿服务活动过程中，除了可以帮助他人以外，还可以培养自己的组织及领导能力，学习新知识、增强自信心及学会与人相处等。

2. 扩大自己的生活圈子

志愿服务活动为志愿者提供了更多接触社会的机会，志愿者由此扩大了生活圈子，从而产生社会归属感，也可以拓宽思路。

3. 尽一份公民责任和义务

大学生通过参加志愿服务，可以为社会出力，从而尽一份公民的责任和义务。

4. 在心理上获得满足

大学生在参加志愿服务过程中不断受到磨砺和锻炼，受到潜移默化的教育，在不知不觉中也加强了对社区、对社会的了解，学到了许多在书本上学不到的东西，从而在心理上获得满足。

案例

张天林同学现服务于黑龙江省绥化市兰西县燎原乡新阳村，任村委会主任助理。该同志自参加志愿服务以来，深入工作一线，善于联系群众，勇于开展调查研究，善于发现问题、解决问题，及时了解和掌握村级工作，适应角色较快，在工作中真正发挥了新时期大学生志愿者应有的作用。

来到服务单位后，张天林做的第一件事就是深入农户中了解民情，掌握新阳村的基本情况。他挨家挨户走访调查，在调查中发现了制约百姓生活水平提高、制约经济发展的主要原因：一是燎原乡新阳村虽然土地面积较大，但由于盐碱性较重，再加上长年干旱少雨，所以粮食产量并不高，这是根本原因。二是信息闭塞，没有充分利用科技，这成了制约经济发展的瓶颈。三是雨天车不通、晴天车难行，这样的路已经是经济发展的一大障碍。此外，夏天一些瓜果蔬菜无法运输，影响了农民的生产积极性。

这些状况使张天林认识到，要使农民尽快致富，必须充分利用科技，用知识引领农民致富，把握机遇，走特色路，才能促进经济发展，于是他注重从各种渠道了解信息，全力帮助农民查找致富门路。

在实践中，张天林把"种养兼顾、效益互补、科学发展、发挥优势、稳圆富梦"作为自己的理想追求，他想农业税的减免、政府职能的转变，为的是使村干部由向农民收钱变成为农民找钱、抓钱，由百姓说的"官"转为为百姓服务的贴心人。他针对

农民的科学文化素质低、种养业科技含量低、效益不高的问题，采取聘请县乡农业专家及科技典型等讲课的方法，举办了各业各类培训班10余场，先后有80%的农民参加了培训，进一步提高了农民素质，为农业增收、农民增收奠定了坚实的基础。此外，他加大了对农民在信息、市场、解难释疑等方面服务的力度，提高了村干部在群众中的威信。他挨家挨户走访，听取群众意见，让村民亲自选举代表，通过代表进行表决，通过了对修道、桥的提议，历时六天共修道长2400多米，新上土500多车，使道路变宽敞了、平坦了，让广大群众舒眉而笑。

张天林在短暂的时间里，通过走访农户体察民情、了解民意，与广大农民建立了深厚的感情。由于他掌握信息、传递信息快，老百姓亲切地称他为"小灵通"。对于这个称呼，张天林十分珍惜，每当节假日回家他都不休息，一直伏在书桌旁，不停地搜索农业方面的各种信息，只要了解到有利于农民致富的消息，他就及时返回村里，把信息告诉农民。全村人都为张天林助人为乐、吃苦耐劳的精神所感动。

三、社会实践

（一）为什么参与社会实践

社会实践是人类认识世界、改造世界的各种活动的总和。让大学生参与社会实践活动是高校实现人才培养目标的重要途径。"创新是一个民族的灵魂。"高等教育法规定我国高等教育的任务是培养具有创新精神和实践能力的高级专门人才，《中共中央国务院关于深化教育改革全面推进素质教育的决定》也对培养学生的创新精神和实践能力以及提高学生综合素质提出了明确的要求。而大学生社会实践活动是高等教育的一个重要环节，是培养大学生创新精神与实践能力的重要途径和手段。

教师在组织大学生开展社会实践活动过程中，必须把培养创新精神和实践能力作为重要目的。要引导大学生善于发现问题，并创造性地解决生产、生活过程中存在的各种问题。要教育大学生在实践过程中自觉检验自身的政治素质、思想品德素质、知识结构、技能素质以及身心素质，注意培养自身辩证思维能力、语言表达能力和社会活动能力以及创业意识和创业能力。在实践过程中，把自己培养成为德、智、体、美、劳全面发展的社会主义事业建设者和接班人。

（二）怎样参与社会实践

参与社会实践要遵循实践性原则、综合性原则、开放性原则、发展性原则。

1. 实践性原则

教师组织大学生参与社会实践活动时要特别关注大学生活动时的感受和体验活动的过程，在教学中要关注过程的充分程度、丰富程度、深刻程度。

2. 综合性原则

在社会实践过程中，大学生所面对的是完整的生活世界，综合实践活动课程要着眼于大学生的整体发展，也应切合大学生的综合发展水平。

3. 开放性原则

社会实践是一门开放的课程，其课程目标、课程内容、活动方式等都具有开放性。

它面向每一个大学生的个性发展要求，尊重每一个大学生发展的特殊需要，应在活动方式的选择和教育资源的开发上充分体现开放性。

4. 发展性原则

在社会实践中，教师应依据大学生主体意识与能力的发展程度，逐步让大学生把学习作为自己的事情，使自己真正成为学习的主体、发展的主体。

(三) 社会实践的收获

社会实践可以引导大学生了解社会、了解国情，坚持走有中国特色的社会主义道路，这样有利于大学生增强责任感和使命感，树立正确的世界观、人生观、价值观，提高综合素质；能充分发挥大学生的知识和智力优势，为人民群众的生产和生活基本需求服务；有利于培养大学生的劳动观念和奉献精神。

社会实践有助于促进大学生素质教育、加强和改进大学生思想政治工作、引导大学生健康成长和成才。社会实践有利于大学生社会角色的转变，也有利于提高大学生的实际工作能力。

案例

山东省的王同学于假期在当地居委会主动担任了社区财务小助手的工作。通过这三周的实践，她接触到了真正的账本、凭证，亲手进行了简单的实际业务的处理，真正从课本走到了现实，从抽象的理论中走入多彩的实际生活，细致地了解了现实中会计业务处理的流程，认真观摩了长辈针对具体业务的处理，这使她对会计实务的认识更加深刻。尽管实践的时间并不是很长，但她受益匪浅，她深信这段实践的经历会给她今后的学习和工作带来非常积极的影响。她也为其他想要报名这一社会实践的同学提出了几点建议：

（1）要有吃苦的决心、平和的心态和不耻下问的精神。

（2）工作中要多看、多观察、多听、少讲，多学习别人的语言艺术和办事方法。

（3）每天坚持写工作日记，每周做一次工作总结。主要是记录、计划和总结错误，以后的工作中坚决不犯同样的错误；对于工作要未雨绸缪，努力做到更好。

（4）善于把握机会。如果上级把一件超出自己能力范围或工作范围的事情交给自己做，一定不要抱怨，而要努力完成，因为这也许是上级对自己能力的考验或是一次展示自己工作能力的机会。

（5）坚持学习。不要只学习和会计有关的知识，还要学习与经济相关的知识。因为现代企业的发展不仅靠内部的运作，还要靠外部的推动。我们在大学里学习的知识也许会不断更新，但那些最基本的学习方法永远是我们掌握最新知识的法宝。

王同学通过这次社会实践，深刻体会到了"纸上得来终觉浅，绝知此事要躬行"的真谛。社会实践使她找到了理论与实践的最佳结合点。对于大学生来说，如果只重视理论学习，而忽视实践环节，那么往往不能在实际工作岗位上得心应手。但是大学生如果能通过实践将所学的专业理论知识加以验证，并且紧密结合专业特色，在实践中检验自己的知识和水平，那么就会加深对基本原理的理解。

"天将降大任于斯人也，必先苦其心志，劳其筋骨，饿其体肤。"在社会实践中，

大学生要继续弘扬吃苦耐劳、艰苦奋斗的劳动精神，为社会贡献自己的力量。

四、与爱同行　奉献自我

爱，是一种无私的奉献，它能够温暖人心、照亮人生。在我们的一生中，能够与爱同行，奉献自我，是一种无尽的幸福。作为新时代的青年，大学生应当秉承这份爱与责任，为实现中华民族伟大复兴的中国梦贡献自己的力量。

大学生参加公益劳动是一种体现爱心和奉献精神的行动。大学生通过参与公益劳动，能够直接为社会和他人提供帮助，让他们感受到温暖和关爱，能够充分发挥自己的专长和特长，为社会创造价值，为他人带来希望。公益劳动，要求大学生从自己做起，从现在做起，从身边的小事做起。大学生要把爱心融入日常生活中，关爱身边的人，关注社会热点，积极参与志愿服务活动，为构建和谐社会贡献自己的力量。

故事 1

殷玉珍：万亩黄沙变身绿长廊

这里曾黄沙漫天、寸草不生，如今绿树成荫、生机盎然。这里是毛乌素沙漠，中国四大沙地之一。被誉为"治沙女王"的殷玉珍，为这片黄沙倾尽了全力。近40年时间里，她和丈夫创造了种出7万亩沙漠绿洲的奇迹。

图 5-5　如今的毛乌素沙漠

拓展阅读

殷玉珍：欢喜梁上的故事
（学习强国）

<u>01</u>　"宁可种树累死，也不能让沙子把我欺负死。"

1985年，19岁的殷玉珍从老家陕西省靖边县嫁到鄂尔多斯市乌审旗河南乡尔林川村一个叫井背塘的地方。丈夫白万祥长期住在沙漠，憨厚、老实，几乎从不与人交流。眼前是一望无际的沙漠，婚房只是一个半掩在沙漠里的地窖。殷玉珍当时想，自己不可能在这地方活下来。

图 5-6　殷玉珍的婚房

殷玉珍想到了死，但她放不下母亲和弟弟，最终打消了轻生的念头。返回沙漠深处后，残酷的现实处处考验着她的毅力。她也曾离家出走，但最终因心疼丈夫而放弃。后来，殷玉珍的父亲带着家里人帮她修建了三间土坯房，让她的生活有了改善。

图 5-7　殷玉珍家土坯房

殷玉珍还从老家带回两棵杨树苗，栽种到沙漠深处新家的门口。树苗给沙漠增添了一抹绿色，也给殷玉珍的心带来了一丝希望。不过，风沙仍然困扰着她。殷玉珍发誓："宁可种树累死，也不能让沙子把我欺负死。"

02　收入全部投入种树治沙。"我就不相信自己治不住这个沙子。"

1986 年春天，结婚的第二年，殷玉珍用家里最值钱的东西，唯一一只羊，换回 600 株树苗，和丈夫一起栽种在家的四周。尽管只存活了不到 10 棵，殷玉珍依然看到了希望。从此，一场旷日持久的"人沙战斗"打响了。

除了勉强填饱肚子，夫妻俩几乎把全部收入都投入到种树治沙中。为了得到更多的树苗，丈夫白万祥外出打工只要树不要钱。然而，风沙肆虐，他们的种树之路异常艰难。一年秋天，两个人种下的几千棵树苗，一夜之间被风沙吞没。

1989 年春天，丈夫白万祥打工时听说附近村里有 5 万棵树苗没人要。夫妻俩与村民们商量：打工不要钱，只要树苗。他们每天翻越一道道沙梁，硬是将 5 万棵树苗全部拉回家种上。

第五章 劳动·梦想

图 5-8 年轻时的殷玉珍

年复一年，殷玉珍和丈夫摸索出了用灌木挡风固沙、蓄水保墒，再层层设防的种树方法。他们种活的树越来越多，绿色在沙漠中不断延伸。

03 "种树能人"成了"致富能人"，这辈子跟沙"没个完"！

1999 年，殷玉珍和丈夫种树治沙的事迹为外界所知，开始受到广泛关注。那一年，他们已种树近三万亩。之后，在当地政府以及社会力量的扶持下，殷玉珍和丈夫的种树治沙事业快速发展，沙漠绿洲达到了七万亩。他们也带动了周边群众积极治沙种树，涌现出 3000 亩以上的造林大户 240 多个。

图 5-9 中年殷玉珍

曾经，殷玉珍一个人挂着棍就能巡完的林子，现在得坐车才行。因为种了树，风沙少了，雨水多了，气候土壤开始适宜种庄稼。2022 年，殷玉珍引进谷子新品种，长出的谷穗又粗又长，熬出来的米粥清香油亮，一斤能卖 45 元，成为高端市场上的抢手货。她还种了 30 亩沙漠玫瑰，想把玫瑰产业链条拉长，做成玫瑰茶、玫瑰饼、玫瑰酱……

图 5-10 殷玉珍

159

如今，凭借特色种植和养殖，殷玉珍夫妇每年收入100多万元。她对未来的规划是进一步通过种树、种植、养殖的良性循环发展，不但向沙漠要绿色，也向沙漠要效益。殷玉珍的目标是不仅治好沙、管好沙，还要用好沙。"反正我是跟沙漠耗上了，这辈子，跟沙'没个完'！"

殷玉珍用近40年的时间，在沙漠中建起7万亩绿色长廊。她带动周边牧民治沙种树，实现全旗森林覆盖率33%、植被覆盖率80%。

故事2

张桂梅：让教育之光照亮贫困山区

她膝下没有儿女，却是上百个孩子的"妈妈"；她推动创建了全国第一所免费女子高级中学，让越来越多的贫困山区女孩圆了大学梦；她倾心倾力帮助民族地区师生、困难群众，将积蓄全部用于兴教办学、扶贫济困。张桂梅用爱点亮乡村女孩的人生梦想。

拓展阅读

张桂梅：用生命教书育人
（学习强国）

图5-11　张桂梅

今年67岁的张桂梅，是一位从教40余年的资深老教师。2001年起，张桂梅一边在中学当老师，一边兼任了华坪县儿童福利院（儿童之家）院长。福利院创办几十年来，张桂梅一直义务担任院长。她将每一个孩子都视如己出，教他们读书识字，引导他们养成良好的卫生习惯，树立正确的人生观、价值观。

图5-12　张桂梅（中）在教室里检查学生上课情况（2020年12月1日，陈欣波摄）

长期从事教书育人工作和儿童福利院的管理经历,让张桂梅认识到贫困山区的落后主要是教育落后,其中女孩受教育的程度更低,她决心帮助更多贫困山区女孩走出大山。从2002年起,张桂梅开始为这个"很难实现"的梦想四处奔走,争取支持帮助。2008年8月,全国第一所全免费的女子高级中学——丽江华坪女子高级中学建成。

图5-13 2021年2月9日,张桂梅(右二)在家访时与学生家长交谈。王秀丽摄

学校建成当年便招收了来自丽江市华坪、永胜、宁蒗等地区的100名女孩。可没多久,第一年招收的学生中有6人提出退学。如何留住山区的女孩子?她又开启了艰难的家访路。很多学生的家位于路况极差的山区,两个假期里,张桂梅即便马不停蹄也只能走访一个年级学生的家,途中她摔断过肋骨、迷过路、发过高烧、旧疾复发晕倒过,但她从未放弃,一条家访路坚持了10多年。

图5-14 每天回到福利院,孩子们都会帮张桂梅撕掉贴了一天的止痛胶带
(2021年3月23日,江文耀摄)

做通了思想工作,越来越多的女孩走进校园,用知识改变命运。建校以来,已有

约 2000 名贫困山区女孩走进大学完成学业，在各行各业为社会做贡献。

图 5-15　张桂梅（右）和自己曾经的学生合影（2020 年 7 月 4 日，陈欣波摄）

张桂梅扎根和服务偏远地区，模范践行着共产党人的初心和使命。她经常自掏腰包给群众治病、修路、建水窖，帮助群众协调纠纷、化解矛盾、发展产业。她艰苦朴素，对自己近乎"抠门"，却时时想着群众，把工资、奖金甚至社会捐助的诊疗费累计 100 多万元都捐出来，用在了兴教办学、扶贫济困上。2006 年，云南省政府奖励的 30 万元，她全部捐给了一座山区小学用来改建校舍。

图 5-16　张桂梅与华坪儿童福利院的孩子们在一起（资料照片）

张桂梅被授予"七一勋章"，荣获全国脱贫攻坚楷模、全国优秀共产党员、"时代楷模"、全国三八红旗手等称号，当选"感动中国"2020 年度人物，荣登"中国好人榜"。

"治沙女王"殷玉珍、"燃灯校长"张桂梅为我们诠释了"与爱同行，奉献自我"，作为当代大学生，我们更应该将公益劳动进行到底。参与公益劳动可以让我们感受到帮助他人的快乐和成就感，增强我们的社会责任感和使命感，能够帮助我们建立自信心，提高社交能力，培养团队合作精神。

总之，参加公益劳动是大学生的使命和责任。让我们携手共进，为实现中华民族伟大复兴的中国梦而努力奋斗，为社会和谐、人民幸福、国家繁荣贡献我们的力量。让我们用爱心照亮人生，用奉献诠释生命的价值，与爱同行，共创美好未来！

结语

"劳动最光荣，劳动最崇高，劳动最伟大，劳动最美丽。"劳动从诞生的那一天起，便是承载梦想的载体。劳动与梦想有着千丝万缕的联系，没有梦想，劳动就没有目标；没有劳动，梦想犹如断了线的风筝。劳动与梦想二者相辅相成、密不可分。

梦想不会自动实现，幸福都是奋斗出来的。发展中的难题要靠劳动一点一点去攻克，美好的梦想要靠劳动一步一步去实现。劳动创造了人类、创造了历史、创造了财富、创造了幸福、创造了快乐、创造了梦想、创造了美丽。正是劳动使得人类开始摆脱混沌，走向智慧，走向升华，走向一个新的世界。所以我们要热爱劳动，我们要用劳动书写历史，用劳动积累财富，用劳动实现幸福，用劳动得到快乐，用劳动实现梦想，用劳动装点美丽人生！一个人、一个民族、一个国家只要有坚定的理想信念、不懈的奋斗精神，脚踏实地把每件平凡的事做好，一切平凡的人都可以获得不平凡的人生，一切平凡的工作都可以创造不平凡的成就。

劳动与梦想是比翼双飞"鸟"。无论是创造5000多年悠久文明、贡献影响世界的四大发明，还是大踏步前进在决定中华民族前途命运的中国道路上，勤劳勇敢的中国人用汗水和智慧建设自己的家园，也推动着人类文明的发展进步。每个人都应发扬劳动的光荣传统、锐意改革创新，用劳动托起中国梦。将圆梦的目标转化为实实在在的行动，转化成每个劳动者一锤一钉的劳作、一砖一瓦的建设，我们就一定能汇聚起实干兴邦的正能量，为中华民族赢得一个更加值得期待的未来，继续谱写辉煌的篇章。

思考与练习

1. 为什么宿舍卫生对我们的健康和生活质量如此重要？
2. 如何制订一个合理的宿舍卫生值日表，以确保每个人都能参与到卫生工作中来？
3. 你认为校园文化建设对你的大学生活有哪些帮助？
4. 谈谈大学生如何在专业知识学习中践行工匠精神、实现梦想。
5. 你认为专业劳动中的职业道德和职业素养有哪些？
6. 请谈谈你对专业劳动中的团队合作和沟通的看法。
7. 请解释什么是公益劳动，并举例说明。
8. 请分享一些你在公益劳动方面的经验和教训。

参考文献

[1] 王建. 试论劳动教育赋能高校实践育人共同体重构的创新逻辑与路径 [J]. 改革与开放，2022 (21)：49-54.

[2] 刘景军，张铭奇. 大学生劳动教育的方法论与多路径 [J]. 黑河学刊，2023 (3)：18-25.

[3] 杨轶群. 浅析高校劳动教育的问题与标准化应对策略 [J]. 品牌与标准化，2022 (S2)：126-128.

[4] 刘健，张赛飞. "互联网＋"背景下高校劳动教育现状及路径研究 [J]. 镇江高专学报，2023，36 (1)：57-60.

[5] 杨庭. 新媒体视域下高校劳动教育的意义及路径研究 [J]. 公关世界，2022 (21)：128-129.

[6] 杨劲松，王丹，陈其晖，等. 新时代加强高校劳动教育实践路径研究 [M]. 中国高等教育，2021 (9)：7-9.

[7] 龚绍波，李银春，尹灿锋. 新时代高校开展劳动教育的途径研究 [J]. 现代农村科技，2022 (12)：82-84.

[8] 黄雪桂. 新时代加强大学生劳动教育的对策思考 [J]. 佳木斯大学社会科学学报，2022，40 (5)：81-84.

[9] 周烽，叶晓力. 新时代高校劳动教育实施的基本特征与逻辑理路 [J]. 广西科技师范学院学报，2022，37 (4)：102-110.

[10] 黄蕊，陈浩，宣雄智. 劳动教育背景下涉农高校新农人培育路径探讨 [J]. 河南农业，2022 (30)：4-5.

[11] 徐炜，陈嘉琪. 新时代劳动教育的特点与评价方法 [J]. 现代商贸工业，2023，44 (2)：69-71.

[12] 黄心文. 坚持"五个结合"开展好新时代高校劳动教育——基于郑州科技学院工作实践的思考 [J]. 办公室业务，2022 (24)：54-55＋91.